# A síndrome de Babel e a disputa do poder global

**Dados Internacionais de Catalogação na Publicação (CIP)**
**(Câmara Brasileira do Livro, SP, Brasil)**

Fiori, José Luís
A síndrome de Babel e a disputa do poder global / José Luís Fiori. – Petrópolis, RJ : Vozes, 2020.

Bibliografia.
ISBN 978-65-5713-049-0

1. Brasil – Política  2. Economia  3. Ensaios políticos  4. Geopolítica  5. Política internacional  I. Título.

20-43302　　　　　　　　　　　　　　　　　　　　CDD-330

Índices para catálogo sistemático:
1. Economia política    330

Cibele Maria Dias – Bibliotecária – CRB-8/9427

José Luís Fiori

# A síndrome de Babel e a disputa do poder global

EDITORA VOZES

Petrópolis

© 2020, Editora Vozes Ltda.
Rua Frei Luís, 100
25689-900  Petrópolis, RJ
www.vozes.com.br
Brasil

Todos os direitos reservados. Nenhuma parte desta obra poderá ser reproduzida ou transmitida por qualquer forma e/ou quaisquer meios (eletrônico ou mecânico, incluindo fotocópia e gravação) ou arquivada em qualquer sistema ou banco de dados sem permissão escrita da editora.

**CONSELHO EDITORIAL**

**Diretor**
Gilberto Gonçalves Garcia

**Editores**
Aline dos Santos Carneiro
Edrian Josué Pasini
Marilac Loraine Oleniki
Welder Lancieri Marchini

**Conselheiros**
Francisco Morás
Ludovico Garmus
Teobaldo Heidemann
Volney J. Berkenbrock

**Secretário executivo**
João Batista Kreuch

*Editoração*: Fernando Sergio Olivetti da Rocha
*Diagramação*: Raquel Nascimento
*Revisão gráfica*: Alessandra Karl
*Capa*: Ygor Moretti
*Imagem*: A Torre de Babel, Pieter Bruegel (1563). Vienna, Áustria.

ISBN 978-65-5713-049-0

Editado conforme o novo acordo ortográfico.

Este livro foi composto e impresso pela Editora Vozes Ltda.

*Para Paulo Freire,*
querido amigo e mestre na arte do pensar com liberdade.

*Quando os assírios governaram o lado de cima da Ásia, por quinhentos e vinte anos, os primeiros que começaram a se separar deles foram os medos; e como eles combateram pela sua liberdade contra os assírios, tornaram-se homens corajosos, afastaram deles a escravidão e tornaram-se livres. Depois deles, também o restante dos povos fez o mesmo que os medos.*

HERÓDOTO. *Histórias* – Livro I: Clio. São Paulo: Edipro, 2015, p. 98.

# Sumário

*Apresentação*, 9

*Prefácio* – O problema, a hipótese e o desafio, 11

**1 Transformações mundiais, 17**

1.1 Depois da ponte, 19

1.2 A transformação mundial e a implosão europeia (I), 22

1.3 A transformação mundial e a implosão europeia (II), 26

1.4 A transformação mundial e a implosão europeia (III), 30

1.5 Jogo bruto, 34

1.6 Humilhação pedagógica, 37

1.7 A transformação mundial e a "ressurreição russa" do século XXI, 40

1.8 O lugar da Rússia na estratégia global dos Estados Unidos, 44

1.9 Dúvidas e certezas norte-americanas, 48

1.10 A transformação mundial e o "fenômeno Trump", 51

1.11 A "síndrome de Babel" (I), 57

1.12 A "síndrome de Babel" (II), 61

1.13 A "invenção ocidental" do Oriente Médio, 65

1.14 Petróleo, soberania e "guerra de posição", 68

1.15 O xadrez chinês do Leste Asiático, 71

1.16 Estratégia e preço da moeda e da energia, 74

1.17 O papel do petróleo e do gás na estratégia da Rússia, 77

1.18 A nova "ordem mundial" do petróleo, 81

1.19 As guerras do século XXI, 84

**2 Brasil e América Latina, 89**

2.1 O caos ideológico, 91

2.2 Ciclos e crises brasileiras, 94

2.3 Longa duração e incerteza, 97

2.4 Sincronia e transformação, 100

2.5 O paradoxo e a insensatez, 103

2.6 O novo intervencionismo americano, 106

2.7 Geopolítica e fé, 109

2.8 O mesmo e o outro, 112

2.9 O ponto cego dos militares brasileiros, 116

2.10 A impotência dos economistas liberais, 120

2.11 Religião, violência e irracionalidade, 124

2.12 A danação da história e a luta pelo futuro, 130

2.13 Onde estamos e para onde vamos? – Uma "potência acorrentada", 135

2.14 O ditador, sua "obra" e o grande blefe do Senhor Guedes, 140

2.15 O modelo russo do Senhor Guedes, 145

2.16 Conspiração e corrupção: uma hipótese muito provável, 147

2.17 Petróleo, guerra e corrupção: para entender Curitiba, 153

2.18 Quarenta e seis anos depois, 159

2.19 O "outubro vermelho" e a esclerose brasileira, 162

2.20 A revolta latina e a divisão do *establishment* americano, 167

2.21 A esquerda, os militares, o imperialismo e o desenvolvimento, 172

2.22 A esquerda e o governo: suas ideias e lições históricas (I), 177

2.23 A esquerda e o governo: suas ideias e lições históricas (II), 182

*Post-scriptum* – O desafio, a história e a estratégia, 189

# Apresentação

*A síndrome de Babel e a disputa do poder global* reúne 42 artigos e ensaios que foram publicados nos últimos cinco anos, entre 2014 e 2019, em vários jornais e sites nacionais e internacionais, como *Jornal do Brasil, Le Monde Diplomatique, 12, Valor Econômico, Lettre International Weltberühmt, Pravda, Open Democracy Carta Maior, Jornal GGN, Tutameia, Outras Palavras, Sul 21, IHU Unisinos, Brasil 247*, entre outros[1]. São artigos escritos com um único objetivo: entender o presente, nacional e internacional, para construir um futuro mais justo e igualitário. Alguns desses textos têm uma forma mais acadêmica; outros, uma forma mais jornalística, mas a maioria foi escrita como parte de uma pesquisa sobre as "grandes transformações internacionais do século XXI", realizada para o Instituto de Estudos Estratégicos do Petróleo, do Gás e do Biocombustível (Ineep). São artigos que começaram a ser publicados ainda durante o governo de Barack Obama, nos Estados Unidos, e antes do golpe de Estado brasileiro de 2015/2016, coincidindo, portanto, com um momento de grande ruptura nos Estados Unidos e no Brasil, e em quase todo o mundo.

A despeito de sua natureza mais conjuntural, todos os textos neste livro compartem uma mesma visão teórica do "poder", do "capital" e da dinâmica da economia política internacional. Os artigos foram organizados segundo uma ordem sincrônica mais do que cronológica, e estão agrupados em dois grandes blocos: no primeiro, aparecem os que tratam das grandes transformações mundiais contemporâneas; e no segundo, os que tratam das mudanças do Brasil e da América Latina. O livro finaliza com um *post-scriptum*, onde são apresentadas algumas ideias para a discussão de uma nova estratégia de desenvolvimento para o Brasil e a América Latina.

Rio de Janeiro, fevereiro de 2020.

---

1. Agradeço a Maria Claudia Vater e Ernani Maria Fiori pela leitura atenta e a crítica rigorosa de cada um desses artigos. E não posso deixar de agradecer o trabalho cuidadoso e carinhoso de edição do livro e de assessoramento editorial do seu autor, da parte de Ana Silvia Gesteira.

# Prefácio
## *O problema, a hipótese e o desafio*

> *Uma hipótese ou uma teoria aparecem sempre em virtude de um problema que é preciso resolver. Em um primeiro momento, achamo-nos frente a uma observação intrigante, porque algo funciona diferente do esperado, ou de forma desconcertante, atraindo nossa atenção [...], e em seguida formula-se o problema que corresponde exatamente à pergunta sobre a causa desse fenômeno intrigante. E é só depois disso que o investigador formula alguma hipótese para tentar responder ao problema que foi colocado pela observação inicial[2].*
> KLIMOVSKY, G. *Las desventuras del conocimiento científico*: una introducción a la epistemología. Buenos Aires: A-Z, 2011, p. 149.

A ascensão da China, a restauração da Rússia, a divisão da Europa, o salto tecnológico da Índia, a nova centralidade do Irã e o súbito declínio do Brasil são os acontecimentos geopolíticos mais importantes deste início de século XXI. Mas não há dúvida de que o fenômeno internacional mais "intrigante" deste período segue sendo a mudança da política externa dos Estados Unidos, depois da eleição de Donald Trump. Uma mudança que se manifestou na primeira hora do novo governo, mas que só se transformou em doutrina oficial depois da publicação pela Casa Branca, em dezembro de 2017, de um documento que define a nova estratégia de segurança dos Estados Unidos[3].

Suas principais ideias e mudanças podem ser resumidas, de forma extremamente sintética, em cinco pontos fundamentais[4]:

i) A defesa intransigente do Estado nacional como princípio e base de organização do sistema internacional, contra todo projeto "globalista" ou "cosmopo-

---

2. Tradução livre do autor.
3. PRESIDÊNCIA DOS ESTADOS UNIDOS. *National Security Strategy of the United States of America*. Washington-DC, dez./2017.
4. Uma versão preliminar destes comentários foi publicada no *Journal of Humanitarian Affairs*, em abril de 2019, com o título "Babel Syndrome and the New Security doctrine of the United States".

lita", e contra toda e qualquer ideia ou proposta de "governança" multilateral do mundo.

ii) O reconhecimento de que existem estados e nações mais importantes do que outros, e de que esses estados mais importantes possuem cultura, sistemas de valores e instituições que são "irredutíveis" e "inconversíveis" entre si, o que significa declarar e aceitar que não existem "valores universais", ao contrário do que os Estados Unidos sempre acreditaram e defenderam por meio de toda sua história.

iii) A aceitação simultânea de que os valores, a cultura e as instituições norte-americanas não são universais nem universalizáveis – apesar de que eles sejam "superiores" aos demais, segundo os norte-americanos – não cabe aos Estados Unidos a tarefa de converter os demais povos aos seus próprios valores.

iv) O reconhecimento de que é impossível saber de antemão se os valores e instituições do mercado e da democracia vencerão a competição com outros sistemas de valores diferentes dos norte-americanos.

v) Por fim, a comunicação ao mundo de que os Estados Unidos assumem a partir de agora, de forma explícita, que o único critério que orientará sua política externa será o do seu "interesse nacional" (apesar de que não fique claro como se define internamente esse interesse), cabendo a eles próprios arbitrar questões internacionais que envolvam o interesse nacional americano, e a punição daqueles que não se submetam ao seu veredicto.

Ou seja, segundo a sua nova doutrina estratégica, os Estados Unidos abrem mão de sua hegemonia e liderança ética do mundo, optando por um projeto pragmático e realista de poder, e por uma diplomacia apoiada, sobretudo, na sua superioridade militar, econômica e financeira. Nesse momento ainda não é possível saber se essas ideias permanecerão depois do governo atual, mas com certeza elas não são uma obra idiossincrática e passageira de Donald Trump. Pelo contrário, são ideias e diretrizes que passaram por uma longa disputa interna, dentro da sociedade e do *establishment* norte-americano, e sinalizam, de fato, a vitória – até o momento – de seus segmentos mais agressivos que defendem a instalação de um império militar global, e que são contrários a toda e qualquer instituição multilateral que escape ao controle monopólico do Estado americano.

Nos termos da nova doutrina estratégica inaugurada por Donald Trump, não existem mais amigos ou inimigos permanentes, e todas as alianças são possíveis, em função apenas do cálculo realista das vantagens imediatas dos Estados Unidos. Como consequência, obviamente, os norte-americanos abandonam o "cosmopolitismo liberal" que guiou sua reorganização do mundo, depois da Guerra Fria, e que se baseava exatamente na crença em uma economia de mercado desregulada e sem fronteiras, na certeza de que os "direitos humanos" e a democracia seriam valores universais.

Como se pode explicar ou interpretar uma mudança tão radical da política externa dos Estados Unidos, sobretudo depois da sua retumbante vitória na Guerra Fria, em nome das ideias, valores e instituições que agora eles estão renegando ou abandonando. Existem várias hipóteses, e muitos analistas ocidentais falam do fim da "ordem liberal", atribuindo seu súbito colapso a dois fatores mais importantes: primeiro, a frustração da sociedade americana e europeia com os resultados extremamente assimétricos da globalização econômica, do ponto de vista das nações e classes sociais; e segundo, a "ameaça" colocada pela expansão da China, que estaria desafiando a supremacia capitalista dos Estados Unidos, abalando a autoconfiança do Ocidente e sua crença na superioridade das instituições que lhe permitiram conquistar o mundo no século XIX.

Mesmo sem desconhecer a importância desses dois fatores, sugerimos neste livro outra hipótese, baseada em uma leitura e interpretação heterodoxa do "mito de Babel"[5]. Este mito reaparece de forma quase idêntica em vários lugares, e em vários momentos da história milenar da Mesopotâmia, mas não há dúvida de que sua versão bíblica, judaico-cristã, segue sendo a mais conhecida e popular em todo o mundo, ou pelo menos em todo o Ocidente[6].

O "mito de Babel" conta a história dos homens que se multiplicam, depois do Dilúvio, unidos por seu mesmo idioma e sistema de valores, e que em determinado momento se sentem fortes o suficiente para igualar o poder de Deus, por intermédio da construção simbólica de uma torre que alcançasse os "céus". Esse projeto humano, entretanto, provoca a reação feroz de Deus, que desce das "alturas do céu" para destruir o sonho de poder da humanidade, por meio da fragmentação e da multiplicação de suas línguas, e da divisão de suas tribos e nações, de forma a impedir que os homens voltassem a se unir e se organizar, com o objetivo de desafiar o monopólio divino do poder. Depois disso, Deus abre mão de sua "universalidade", escolhendo um povo como seu porta-voz e instrumento bélico

---

5. Para a teoria psicológica e psicanalítica de Sigmund Freud e de Carl Jung, como também para a "antropologia estrutural" de Lévi-Strauss, entre outros, a "mitologia" ocupa lugar central na história do pensamento humano e na expressão cultural das grandes civilizações, porque sintetiza, de forma simbólica, pensamentos e verdades que transcendem o espaço e o tempo.

6. "Ora, Javé desceu para ver a cidade e a torre que os homens tinham construído. E Javé disse: 'Eis que todos constituem um só povo e falam uma só língua. Isso é o começo de suas iniciativas! Agora, nenhum desígnio será irrealizável para eles. Vinde! Desçamos! Confundamos a sua linguagem para que não mais se entendam uns aos outros'. Javé os dispersou dali por toda a face da terra, e eles cessaram de construir a cidade. Deu-se-lhe por isso o nome de Babel, pois foi lá que Javé confundiu a linguagem de todos os habitantes da terra e foi lá que Ele os dispersou sobre toda a face da terra" (Gn 11,5s. In: *Bíblia de Jerusalém*. São Paulo: Paulinas, 1980).

de sua vontade e vingança contra todos os povos que se opusessem aos seus desígnios e arbítrio. Tudo isso no exato momento em que a humanidade parecia ter se convertido aos "valores de Deus". E essa parece ter sido exatamente a mesma atitude tomada pelos Estados Unidos, no momento em que se sentiram ameaçados pela inclusão de quase todos os povos do mundo no sistema interestatal que havia sido criado pelos europeus e que vem sendo liderado pelos norte-americanos, de forma quase monopólica, desde o fim da Guerra Fria.

O "sistema interestatal" se constituiu na Europa durante o "longo século XVI" (1450-1650)[7], e se expandiu desde sua origem de forma contínua, dentro e fora do continente europeu, em grandes "ondas explosivas" concentradas nos séculos XVI, XIX e na segunda metade do século XX. Nesses períodos, o sistema estatal europeu conquistou e/ou incorporou o território dos demais continentes, impérios e povos que foram se submetendo às regras de "convivência internacional", estabelecidas pela Paz de Westfália.

A Paz de Westfália foi assinada por cerca de 150 "autoridades territoriais" europeias, mas só havia naquele momento seis ou sete estados nacionais na sua forma moderna e com fronteiras que se mantiveram quase as mesmas depois da Guerra dos 30 Anos (1618-1648). No século XIX, o número de estados cresceu, com a independência e a incorporação dos novos estados americanos dentro do sistema interestatal que no fim da Segunda Guerra Mundial (1939-1945) já contava com cerca de 60 estados nacionais independentes. Mas foi no final do século XX que o sistema interestatal se universalizou, e hoje existem quase 200 estados nacionais soberanos, com assento nas Nações Unidas.

Contribuíram para esse aumento geométrico o fim do colonialismo europeu e a independência dos estados africanos e asiáticos. Com destaque especial para a China, que transformou sua civilização e império milenar num Estado nacional que foi se incorporando, progressivamente, aos organismos multilaterais criados pelas "potências ocidentais" tutelados pelos Estados Unidos. Por isso, aliás, muitos analistas americanos falaram, na década de 1990, do "fim da história" e do nascimento de um mundo quase homogêneo, com a vitória da "ordem liberal" e a universalização do sistema dos estados e valores associados ao "mercado", à "democracia" e aos "direitos humanos". E fazia sentido o que eles diziam, porque de fato, naquele momento, os Estados Unidos e seu sistema de valores alcançaram uma centralidade e universalidade quase completa dentro do sistema mundial.

Mas, atenção, porque foi essa mesma expansão do poder americano que promoveu – de forma direta ou indireta –, a expansão simultânea do sistema inte-

---

7. Expressão usada pelo historiador francês Fernand Braudel para se referir às "longas durações" da história humana.

restatal. E foi exatamente essa expansão que promoveu o aparecimento de novas potências e organizações supranacionais que se propuseram a questionar a supremacia mundial do poder americano, por meio dos próprios valores e instituições tuteladas pelos Estados Unidos. O destaque especial vai para a China, no campo econômico, e para a Rússia, no campo militar, mas também para o Irã, a Turquia, a Venezuela, a Coreia do Norte e vários outros estados que se utilizam hoje do "sistema de Westfália", e da "geopolítica das nações" para tentar refazer a hierarquia do poder e da riqueza mundiais e, de forma particular, questionar a monopolização do "poder global" pelos Estados Unidos no final do século XX.

Foi exatamente nesse momento, quando os Estados Unidos se sentiram ameaçados, que decidiram abandonar seu "universalismo moral" e o velho projeto de "conversão" dos povos, e passaram a atacar o sistema multilateral que haviam criado – como no caso do mito milenar – desfazendo suas velhas alianças, promovendo a divisão entre estados e nações. Jogaram os povos uns contra os outros, dissolvendo todo tipo de bloco ou coalizão que pudesse ameaçar o poder americano, como no caso da União Europeia, que os próprios americanos haviam ajudado a criar, e que hoje vem sendo desmoralizada e boicotada sistematicamente pelo governo de Donald Trump.

Estes são os dois aspectos mais intrigantes desse fenômeno: primeiro, o ataque dos Estados Unidos ao sistema de valores e instituições que eles ajudaram a criar, e que foram decisivos para o seu próprio sucesso político e econômico; e segundo, o fato de que esse ataque ocorra exatamente no momento em que os Estados Unidos alcançaram o ápice do seu poder global. Dois aspectos que nos remetem de volta ao mito de Babel, em que é possível identificar um "arquétipo", ou espécie de "maldição" do "poder global", que transcenderia a experiência particular dos Estados Unidos, expondo uma regra oculta e universal do sistema interestatal: a disputa pelo monopólio do poder dentro do sistema produz consequências indesejadas que ameaçam o poder do ganhador, e o obrigam a voltar-se contra o próprio sistema para manter sua condição vitoriosa, produzindo um efeito reverso que os americanos chamariam de *blowback*.

Trata-se de um fenômeno que muito provavelmente deverá se repetir toda vez que algum outro Estado nacional se aproximar da situação americana, e se proponha igualmente construir um "império global". Neste sentido, aliás, pode-se afirmar ou concluir que o sistema interestatal "abomina" o processo de monopolização que ele mesmo promove e que constitui a mola propulsora de todo o sistema. Se esta hipótese estiver correta, o mais provável é que esse processo autodestrutivo se estenda à própria sociedade americana, durante o tempo em que o mundo estiver vivendo um período de grandes turbulências e guerras contínuas provocadas por mudanças súbitas e inesperadas, e por alianças cada vez mais instáveis, como aconteceu nos séculos XVII e XVIII, logo depois da assinatura da Paz de Westfália.

Mais difícil de prever é o tamanho do estrago provocado por essa "síndrome" numa região que já nasceu sob a tutela americana e viveu sempre sob o signo da Doutrina Monroe; e que, além disso, se manteve subordinada e fiel aos Estados Unidos durante todo o período da Guerra Fria. Depois da Segunda Guerra Mundial, e até a década de 70 do século passado, os Estados Unidos patrocinaram na América Latina, pelo menos no plano retórico, um projeto "desenvolvimentista", com a promessa de um crescimento econômico rápido e modernização social homogênea, capaz de superar o atraso e a pobreza secular do continente, afastando a "ameaça comunista". Essa estratégia, entretanto, foi abandonada nos anos de 1980, sendo definitivamente enterrada depois do fim da Guerra Fria. Logo em seguida, nos anos de 1990, os Estados Unidos adotaram a agenda neoliberal anglo-saxônica como o novo Santo Graal do continente americano. Mas na segunda década do século XXI, a nova estratégia internacional inaugurada pelo governo de Donald Trump já não promete nenhum tipo de futuro para a América Latina, e escolheu o Brasil como instrumento de seu projeto de desintegração ativa de todas as formas de organização e defesa coletiva dos interesses latinos, sobretudo daqueles que são vistos como uma ameaça à supremacia dos Estados Unidos dentro do "Hemisfério Ocidental".

Apesar de tudo, como ensinou Maquiavel, não se pode substituir o que é pelo que se desejaria que fosse, e neste momento do século XXI não há que se levar à frente uma estratégia de desenvolvimento rápido, soberano e igualitário, em um contexto internacional assimétrico, em uma região extremamente desfavorável, sem enfrentar ou contornar de forma eficaz o poder americano de veto e bloqueio do desenvolvimento autônomo dos planos latino-americanos.

Rio de Janeiro, janeiro de 2020.

# 1
# Transformações mundiais

# 1.1
# Depois da ponte

> *Caso se tome em conta as civilizações como principais personagens da história, será preciso forçosamente distinguir as guerras "internas" desta ou daquela civilização, das guerras "exteriores" entre estes universos hostis. De um lado, as Cruzadas e as Jihads; do outro, as guerras internas da Cristandade ou do Islã, porque as civilizações queimam-se a si mesmas em intermináveis guerras civis, fratricidas: o Protestante contra o Romano, o Sunita contra o Xiita...*
> BRAUDEL, F. *O Mediterrâneo e o mundo mediterrâneo.* Vol. II. Lisboa: Publicações Dom Quixote, 1995 [1966], p. 206.

Escrevo estas linhas num café de Sarajevo. Seu nome, sua decoração e sua elegância lembram Viena, e o período da dominação austro-húngara da Bósnia-Herzegovina, entre 1878 e 1918. O café está situado a poucos metros da Ponte Latinska, sobre o Rio Miljaka, o lugar exato em que o estudante sérvio Gavrilo Princip, de 19 anos, matou o arquiduque Francisco Ferdinando, herdeiro do trono austríaco, no dia 28 de julho de 1914, dando início – sem saber, nem pretender – a uma guerra devastadora que destruiu quatro impérios, mudou a geografia da Europa e redesenhou a história e geopolítica mundiais.

Ao mesmo tempo, em frente ao café, uma placa convida para visitar um museu com filmes e fotografias sobre a última grande guerra europeia do século XX, que também passou pela Bósnia e Sarajevo, entre 1992 e 1995, e pelo Kosovo, em 1998 e 1999, incluindo o massacre de Srebrenica, em julho de 1995. Durante esta última guerra, Sarajevo viveu o mais longo cerco da história militar moderna. Durante três anos, a cidade sofreu um bombardeio sistemático que deixou um "passivo" de 12 mil mortos e 50 mil feridos, sendo 85% civis. Uma história terrível, que transformou o nome desta cidade, Sarajevo, em sinônimo de guerra e destruição, através de todo o século XX, e para todas as gerações futuras.

No entanto, Sarajevo poderia ter sido apenas uma cidade de montanha alegre e acolhedora, se a história não a tivesse colocado numa encruzilhada por onde circularam e onde se instalaram vários povos e etnias. Mais do que isto, onde se criou um espaço de convivência e confronto quase permanente entre as duas principais civilizações/religiões que contribuíram decisivamente para a transformação do Mediterrâneo no berço do mundo moderno: o islamismo e o cristianismo, com seus vários povos e divisões internas.

Tudo começou, de alguma forma, com a Batalha de Poitiers, no ano de 732, quando o exército de Charles Martel derrotou e deteve a expansão muçulmana, perto dos Pirineus, estabelecendo uma espécie de primeira e definitiva fronteira entre o mundo cristão europeu e o mundo islâmico arábico. A partir dali, e durante os últimos 1.300 anos, esses povos e essas duas civilizações-religiões estabeleceram entre si uma relação indissolúvel, de guerra e complementaridade, de admiração e ódio. Foi essa relação que funcionou como a grande fonte energética que moveu o poder dos homens e sua capacidade produtiva na direção do mundo moderno, do sistema interestatal e do capitalismo que começou pelo Mediterrâneo e acabou sendo liderado pelos europeus. Nessa longa trajetória, os europeus foram periferia econômica e política dos impérios muçulmanos até o século XVI, mas o mundo islâmico acabou se transformando numa periferia da Europa nos últimos 300 anos.

Sarajevo foi criada pelos islâmicos, em 1461, no auge do Império Turco-otomano, e foi a cidade mais importante do Império na região dos Bálcãs. Só no fim do século XIX a região da Bósnia e de Sarajevo passou para o domínio austro-húngaro, já em pleno declínio do Império Otomano. Com o fim da Primeira Guerra Mundial e o retalhamento do antigo Império Otomano, os europeus conquistaram uma vitória militar e política estrondosa com relação ao mundo islâmico, que não eliminou, entretanto, a relação essencial entre os dois pedaços do mesmo universo que mudou uma vez mais sua forma, mas manteve sua relação essencial até o fim da Guerra Fria. Por isso, não é de estranhar que tenha sido de novo nos Bálcãs, e na própria Bósnia-Herzegovina – depois no Kosovo – que tenham sido travadas novamente as últimas guerras do século XX, envolvendo cristãos ortodoxos, romanos e islâmicos. E que nessa guerra "local" tenha começado a se desenhar a nova ordem mundial imposta pelos ganhadores da Guerra Fria, quando eles decidiram fazer a primeira intervenção militar direta da Otan fora de seu território original, exatamente nos Bálcãs.

As "guerras balcânicas" dos anos de 1990 provocaram um êxodo populacional de 2,5 milhões de refugiados, muito maior do que o que está ocorrendo, neste momento, com a nova procissão de refugiados que vem atravessando os Bálcãs em busca de proteção contra seus próprios algozes. Só no século XXI, já houve cinco guerras "externas" ou intervenções "ocidentais", e nove guerras civis ou religiosas, do lado do mundo islâmico. O problema é que do outro lado deste mesmo universo, a Europa também está se dividindo e desintegrando, social e politicamente, assediada pela estagnação econômica, pelo desemprego, pela crise financeira de seus estados, pelo fechamento de suas fronteiras internas, pelo aumento da prepotência alemã e pelas manifestações cotidianas da mais alta desumanidade, com relação ao novo êxodo de povos, sobretudo islâmicos.

Foi nesse momento que o garçom se aproximou da mesa e me perguntou o que tanto eu escrevia. Expliquei e ele me disse: "pois então anote, senhor, que haverá uma nova guerra em breve, muito breve". Como lhe perguntasse por que, respondeu: "Porque isto aqui são os Bálcãs, isto aqui é uma ponte, senhor". Depois se afastou, e me deixou meditando sobre suas palavras, e sobre sua certeza de uma guerra próxima.

Seja como for, a verdade é que, quando se olha hoje, a partir daqui, para esse "universo Mediterrâneo" que conquistou e moldou o mundo no último milênio, fica-se com a impressão, quase certeza, de que ele já perdeu sua energia criadora e está se apagando como uma "estrela de nêutrons", consumido por suas divisões e ódios cada vez mais profundos, e por suas agressões e intervenções "humanitárias" cada vez mais ineficientes, irracionais e catastróficas. O que foi uma relação conflituosa e criativa, através da história do último milênio, está se transformando num "abraço de morte".

E pensar que tudo isto começou – de alguma forma – nessa pequena ponte, aí na frente deste café...

13 de outubro de 2015.

# 1.2
# A transformação mundial e a implosão europeia (I)

> *L'Union Européenne est confrontée à une nouvelle vague de colère populaire anti-immigration, anti-élites e antiglobalization [...] mais jusqu'ici, la réaction des elites européennes avait surtout consisté à diaboliser les poupulistes. Désormais, elles semblent vouloir prendre au sérieux les problèmes.*
> Le Figaro, 31/10/2017.

Um novo fantasma ronda a Europa: o fantasma da direita, da "cólera popular", da xenofobia, do "separatismo" e da volta dos velhos "egoísmos nacionais" que foram a força e a tragédia da Europa nos últimos 500 anos. Frente a isto, como afirma o jornal conservador francês *Le Figaro*, as elites europeias parecem perdidas e às cegas, tentando esconder sua ignorância e impotência atrás da "demonização do populismo", transformado na causa genérica de tudo o que estão passando. O plebiscito e a independência catalã reprimida pelo governo de Madri talvez sejam apenas os episódios mais visíveis e comentados de uma série de resultados eleitorais e acontecimentos políticos que vêm sacudindo o velho mapa político-ideológico da Europa, e que vêm colocando de ponta-cabeça seu projeto de unificação.

Essa "virada à direita" foi antecipada pela vitória de Jaroslaw Kaczinki nas eleições polonesas de 2012 e 2015; pela vitória de Viktor Orban nas eleições húngaras de 2014; e pela revolta da Praça Maidan, que derrubou o presidente da Ucrânia, Viktor Yanukovitch, em 2014. Na mesma linha do que aconteceu, ainda que de forma menos contundente, nas eleições da Dinamarca, de 2014, e da Finlândia, de 2015.

Não há dúvida, no entanto, de que essa inflexão adquiriu outra dimensão e intensidade depois da decisão britânica de abandonar a União Europeia (UE), tomada após a vitória do Brexit no plebiscito do dia 23 de junho de 2016. O movimento se acentuou a partir daí e parece ter chegado à sua maioridade com as recentes vitórias ou conquistas alcançadas pelas forças e lideranças "populistas", sobretudo de direita, nas eleições de outubro de 2017 na Alemanha, na Áustria, na Eslovênia, na República Checa, na Eslováquia e até mesmo na longínqua Islândia.

De todos esses resultados, o mais importante, sem dúvida alguma, ocorreu na Alemanha, apesar de que a votação do grupo "Alternativa para a Alemanha", recém-criado em 2013, só tenha alcançado 12,6% dos votos – que foram suficientes, entretanto, para abrir as portas do Bundestag a uma bancada de direita composta por 94 deputados, o que não ocorria desde 1945. Essa mudança na composição do parlamento alemão se deu às custas dos social-democratas e dos democrata-cristãos, descalçando o governo de coalizão de Angela Merkel, que ficou sem maioria parlamentar e foi obrigado a refazer sua base de apoio, problema que pode forçar a convocação de novas eleições parlamentares.

O governo de Angela Merkel saiu extremamente enfraquecido das últimas eleições e não voltará mais a ser o mesmo da última década, o que deixa a própria UE sem sua principal liderança, poucos meses depois do anúncio do "divórcio britânico". Uma súbita perda de fôlego que não tem como ser compensada pela vitória solitária do jovem tecnocrata e financista francês Emmanuel Macron, numa eleição presidencial que teve 25% de abstenções, e na qual a soma dos votos de nacionalistas e "eurocéticos", de direita e de esquerda, chegou a 43%.

Essa "explosão de cólera" do eleitor europeu inscreve-se ainda, com toda certeza, entre as consequências da grande crise econômico-financeira de 2008, que abalou a crença dos europeus na utopia global de suas elites liberais, e no próprio projeto de unificação da Europa, que deixou de ser um caminho garantido na direção da "riqueza" e da "civilidade democrática". Mas é possível e necessário fazer uma distinção entre o que foi a primeira onda de protestos contra a política de austeridade imposta por Bruxelas – junto com o BCE e o FMI– depois de 2008, e a nova onda de insatisfação que está atravessando a Europa.

Naquele primeiro momento, a reação popular veio das ruas, foi liderada por partidos de esquerda e atingiu – sobretudo – os "países mediterrâneos" da UE, como aconteceu no caso paradigmático da Grécia, até que o voluntarismo de seus jovens governantes progressistas fosse derrotado, submetido e humilhado, em 2015, sobretudo pela Alemanha. Desta vez, entretanto, o protesto se concentra nos países da Europa Central – alguns, em confortável situação econômica – e está focado na luta contra os imigrantes e refugiados árabes e negros das guerras civis, e das guerras euro-americanas do "Grande Médio Oriente". Em particular, na luta contra a "política de cotas" proposta por Bruxelas, com apoio da Alemanha, mas com oposição de Grã-Bretanha, Dinamarca, Irlanda, Estônia, Polônia, Hungria, Eslovênia, República Checa e Eslováquia. Na primeira crise, falou-se de uma fratura dentro da UE, entre os "países do norte" e os "países mediterrâneos", mas agora se fala de nova fratura entre os "países do leste" e os "países do oeste", apesar de tal divisão passar por dentro da própria Alemanha.

Mesmo que se tenha em conta que essa conjuntura ainda está em pleno curso e que não existe uma explicação única para o que está acontecendo, é possível identificar alguns traços e impulsos que deverão ter papel decisivo no futuro imediato da União Europeia. Destacaríamos:

i) Os novos movimentos, organizações ou partidos nacionalistas são quase todos de direita, apesar de não serem idênticos, nem igualmente radicais. Eles não pertencem a nenhum tipo de "internacionalismo militante", são mais bem "defensivos", "identitários" e "autonomistas", e não se posicionam da mesma forma frente às políticas de austeridade da União Europeia. A direita alemã, por exemplo, é radicalmente liberal, do ponto de vista econômico, enquanto outros partidos e governos pertencentes a este mesmo movimento defendem o nacionalismo econômico. Mas todos são, de uma maneira ou de outra, em maior ou menor grau, xenófobos, anti-islâmicos, críticos violentos do que chamam de "política tradicional", e cada vez mais contrários às decisões coletivas da União Europeia, ou mesmo, no caso dos países da Europa Central e da Polônia, em particular, à própria liderança da Alemanha dentro da UE. Mas nenhum deles apresenta uma estratégia alternativa para a Europa, nem tem força para se opor às políticas impostas pelas elites liberais e seus aliados do mundo das finanças. Nem muito menos tem densidade territorial e econômica suficiente para levar a cabo algum tipo de política econômica nacionalista.

ii) Enquanto isso, com exceção de Portugal e da Inglaterra, apesar de tudo, os partidos social-democratas, trabalhistas e comunistas tradicionais foram derrotados ou arrasados, literalmente. Divididos e sem uma mensagem clara a respeito da agenda de temas que hoje está sobre a mesa na Europa, e incapazes de formular um projeto e uma estratégia específica, construtiva e utópica para toda a Europa, aparecem quase sempre como um apêndice incolor das elites liberais ou democrata-cristãs, e de sua ideologia globalitária, como no caso explícito da Alemanha. Existe hoje um enorme vácuo desse lado do espectro ideológico europeu, e o mais provável é que a social-democracia europeia desapareça, enquanto uma miríade de outros grupos de esquerda deverá seguir buscando algum caminho que não está à vista no momento.

iii) Por fim, tudo indica que as elites liberais europeias perderam o pé, e não têm mais nenhuma capacidade de inovação, ou de propor um novo projeto para a Europa com um mínimo de apelo ideológico para a juventude e as populações excluídas pelo impacto das políticas econômicas patrocinadas por Bruxelas, pelo BCE e pelo FMI, sob tutela da Alemanha e do capital financeiro europeu. Repetem, como se fosse uma ladainha congelada no tempo, suas velhas ideias e propostas de austeridade fiscal e de reforma contínua, ou de eliminação pura e simples, das legislações trabalhista e previdenciária, e dos gastos públicos com a proteção social.

Sintetizando: do nosso ponto de vista, por trás dos recentes resultados eleitorais europeus, e por trás da "demonização do populismo" denunciada pelo jornal *Le Figaro*, está em curso um processo muito mais profundo e dramático de implosão política de um dos projetos mais grandiosos do século XX: a dissolução das fronteiras e a construção de uma Europa unificada.

Hoje, 60 anos depois de sua concepção original, no vácuo criado pela autodestruição da social-democracia e da esquerda comunista, a Europa aparece dividida e estressada, entre um nacionalismo de direita, belicoso mas impotente, e uma elite liberal desgastada e submetida ao mundo das finanças e de suas políticas recessivas e socialmente destrutivas. Como consequência, o continente parece equilibrar-se sobre o vazio, enquanto seu projeto de unificação perde fôlego e deixa de ser utopia e esperança sobretudo para a juventude europeia.

No entanto, o problema não acaba aí: a implosão interna da Europa terá um impacto estrondoso sobre a geopolítica do Mediterrâneo, e sobre a transformação mundial, que está em pleno curso.

Outubro de 2017.

# 1.3
# A transformação mundial e a implosão europeia (II)

> *As premissas em que se fundaram a criação da Otan e da União Europeia foram abaladas pelo colapso da União Soviética e pela unificação da Alemanha.*
> KISSINGER, H. *Diplomacy*. Nova York: Simon & Schuster, 2004, p. 820.

Para analisar as consequências geopolíticas da recente "virada" nacionalista, e xenófoba, do sistema político europeu, é preciso hierarquizar os acontecimentos e situá-los numa perspectiva histórica e geográfica mais ampla. Deve-se partir de um ângulo que privilegie como foco de sua análise, antes de mais nada, o passado e o futuro da União Europeia e da Organização do Tratado do Atlântico Norte, duas organizações concebidas depois da Segunda Guerra Mundial como peças complementares de uma mesma estratégia de "pacificação" da Europa, e de "contenção" da União Soviética.

A Otan foi criada em 1949, por um grupo de 11 países, sob a liderança dos Estados Unidos e da Grã-Bretanha, visando "manter os russos fora, os americanos dentro e os alemães para baixo", segundo a célebre definição de seu primeiro secretário-geral, o lorde e general inglês Hastings Lionel Ismay, que comandou a Organização entre 1952 e 1957. Nesse período, a Otan começou a se expandir, com a inclusão da Grécia e da Turquia, em 1952, e da Alemanha Ocidental, em 1955. Quase uma década depois de sua criação, nasceu a Comunidade Econômica Europeia, com a assinatura do Tratado de Roma, em 1957, por um grupo de sete países sob a liderança de França e Itália.

A derrota e o fim da União Soviética, e a reunificação da Alemanha, na década de 90 do século passado, colocaram sobre a mesa das negociações diplomáticas a necessidade de redefinir o papel da Otan e rediscutir os novos horizontes da União Europeia, depois do Tratado de Maastrich, assinado em 1992, sob a liderança da Alemanha unificada. Foi naquele momento que os Estados Unidos tomaram a decisão estratégica de expandir a Otan, incorporando rapidamente os países da Europa Central que haviam pertencido ao Pacto de Varsóvia, como se fosse quase uma ocupação militar vitoriosa, que fez com que a Otan passasse a ter 29 estados-membro. E, ao mesmo tempo, os Estados Unidos pressionaram para que a União Europeia também incorporasse a sua estrutura e economia os novos sócios da organização militar, mesmo que eles não preenchessem os requisitos elementares estabelecidos por Bruxelas.

Do nosso ponto de vista, a decisão precipitada de ocupar a antiga "zona de influência" da URSS acabou se transformando em um "cavalo de Troia" dentro da Otan e da UE. A partir daquele momento, nenhuma das duas organizações conseguiu mais manter sua coesão e unidade de comando, devido ao aumento descontrolado de seus estados-membro, à diversidade de seus interesses estratégicos e à imensa desigualdade de suas condições econômicas, demográficas e sociais. Problemas que foram magnificados pelo desaparecimento do inimigo comum, que pudesse ocupar o antigo lugar da União Soviética, e pela explosão imprevista da grande crise econômica e financeira de 2008, que começou nos Estados Unidos, mas acabou atingindo a Europa de forma ainda mais radical e prolongada.

A crise econômica polarizou o velho continente, e as políticas de austeridade escancararam as desigualdades profundas que já existiam entre os países da União Europeia. Por outro lado, a entrada prematura da Otan nos conflitos internos da Europa Central foi responsável pelo primeiro envolvimento direto da organização em um conflito militar: a Guerra da Bósnia, entre 1992 e 1995; e logo em seguida, a Guerra da Iugoslávia, em 1999. Depois disso, a Otan interveio nas guerras do Afeganistão, do Iraque e da Líbia, saindo de seu território original e seguindo objetivos cada vez menos consensuais, e cada vez mais submetidos às necessidades e decisões estratégicas apenas dos Estados Unidos e da Grã-Bretanha. Essa perda de rumo e divisão interna da Otan aumentou depois da vitoriosa intervenção militar da Rússia, ao lado da "causa euro-americana" na Guerra da Síria. E aumentou ainda mais depois da tentativa de golpe de Estado na Turquia de julho de 2016, que foi apoiada por setores da Otan, e derrotada pelo governo de Recep Tayyip Erdogan. Um passo equivocado que reforçou a inclinação nacionalista e conservadora de Erdogan, e aproximou a Turquia da Rússia e do Grupo de Cooperação de Shangai, liderado pela China.

Por mais que a Otan procure ressuscitar a competição militar e o velho conflito ideológico com a Rússia, ela já não conta com a mesma unidade e homogeneidade do tempo da Guerra Fria, nem muito menos com a mesma euforia liberal e "cosmopolita" da década de 1990. Muitos especialistas militares já reconhecem abertamente que a Otan é uma organização militar ultrapassada e incapaz de sustentar uma guerra vitoriosa dentro da Europa, e menos ainda se seu adversário for a Rússia.

É nesse contexto objetivo que se deve ler e interpretar os últimos acontecimentos europeus, aceitando o paradoxo de que o mais importante se deu fora da Europa e foi, sem dúvida alguma, a vitória de Donald Trump nas eleições americanas de 2016. Seu discurso nacionalista e de direita deu uma contribuição decisiva e um aval legitimador para o avanço dessa mesma tendência ideológica na Europa. Por outro lado, seu ataque radical a todos os acordos multilaterais de integração comercial, como o Nafta e o TPP, mas também a Parceria Transatlântica – o TTIP –, que vinha sendo negociada com a UE, era esgrimida por suas elites liberais como uma saída mágica da crise e da retomada do crescimento econômico europeu. Nesse sentido, a deserção de Trump representou um golpe fatal para as próprias elites e todo o projeto europeu. Os ataques de Donald Trump contra seus velhos aliados da Otan, entretanto, aumentaram ainda mais a divisão e a falta de credibilidade no poder da aliança militar em que se sustentou a segurança dos europeus na segunda metade do século XX. Coloque-se ainda, nesta lista de desmoralizações, o anúncio do abandono americano dos Acordos de Paris, e a decisão de Trump de não validar o pacto nuclear com o Irã, que segue contando, no entanto, com o apoio integral dos europeus, incluindo Grã-Bretanha e Rússia.

E por último, mas não menos importante, do ponto de vista simbólico, a escolha de Trump, da Polônia – situada na extrema-direita nacionalista, do espectro político e ideológico da União Europeia – como lugar de sua primeira visita à Europa, logo antes da reunião do G20, na cidade de Hamburgo. Uma escolha que foi lida, obviamente, como uma desvalorização da própria reunião, e uma desatenção intencional à primeira-ministra alemã, Angela Merkel, uma das últimas lideranças liberais e cosmopolitas da Europa.

Dentro da própria União Europeia, o acontecimento político mais importante do último ano foi, sem dúvida, o plebiscito britânico de junho de 2016, e seu resultado favorável ao Brexit. Uma decisão inesperada que transformou a Inglaterra em um país dividido e com um governo fraco e incapaz de levar à frente, de forma consensual, a própria negociação do Brexit com a EU.

Depois dessa decisão britânica, o resultado das eleições alemãs, de outubro de 2017, desfavorável ao governo de Angela Merkel, teve um impacto absolutamente desagregador, deixando a Alemanha dividida e sem governo, e a União Europeia sem sua principal liderança, num momento de extraordinária gravidade sistêmica. Se somarmos a isso a derrota da esquerda europeísta do primeiro-ministro italiano, Matteo Renzi, no referendo constitucional de dezembro de 2016, compreenderemos que a vitória isolada de Emmanuel Macron já não tem condições de reequilibrar o projeto europeu sob a liderança francesa. A França não é mais uma grande potência, nem Macron tem a estatura indispensável para cumprir o papel carismático do General De Gaulle e de alguns de seus sucessores que conseguiram liderar a Europa antes da unificação alemã. Ou seja, a União Europeia está inteiramente acéfala e dividida, e todos os sinais indicam que as duas grandes potências anglo-saxônicas retiraram seu apoio incondicional ao projeto de unificação do continente e sustentam posições cada vez mais divergentes da União Europeia com relação ao futuro da Otan.

É pouco provável que essa crise degenere numa guerra intraeuropeia, mas uma coisa é certa: a estratégia de integração europeia e de criação da Otan, concebida depois da Segunda Guerra Mundial e ampliada depois do fim da Guerra Fria, já não tem mais a mesma força e legitimidade dos últimos 60 anos. Nessa hora de fragilização do antigo projeto, muitos pensam que a Alemanha possa ter um papel de resistência e reorganização dos europeus, mas na verdade ela não dispõe das armas, nem da soberania energética e alimentar indispensáveis para o exercício do poder hegemônico de uma grande potência regional, dentro do sistema interestatal capitalista que os próprios europeus inventaram.

O "buraco negro" criado pela "implosão" da UE e pela perda de unidade da Otan deve ter consequências dramáticas para o "Mundo Mediterrâneo" e para os tabuleiros geopolíticos do Atlântico Norte e da Eurásia. Para não falar de seu impacto simbólico sobre a matriz ideológica desse sistema estatal que nasceu na Europa, no século XVI, mas só se transformou num sistema global na segunda metade do século XX (continua).

Novembro de 2017.

# 1.4
# A transformação mundial e a implosão europeia (III)

> I´m not here to persuade you that the liberal international order is necessarily all bad. I´m just here to persuade you that it´s over.
> FERGUSON, N. *The end of the liberal order?* Londres: One World, 2017, p. 6.

Está cada vez mais claro que a crise europeia deste início de século XXI faz parte de uma transformação do sistema internacional que está em pleno curso e cujo futuro é inteiramente imprevisível. Mas apesar desta incerteza, é possível identificar alguns acontecimentos mais importantes que estão na origem dessa transformação, que começou por volta da década de 70 do século passado.

Destacam-se, nessa trajetória, por seus efeitos de longo prazo e em ordem cronológica:

i) A multiplicação do número de estados-membro do sistema mundial, que passou, em apenas 40 anos, de 60 para 200 estados nacionais soberanos, como consequência dos processos de descolonização da África e da Ásia, e da desconstrução da União Soviética.

ii) A "abertura" chinesa da década de 1970 e sua plena incorporação no Sistema de Westfália, como um Estado nacional que possui um quinto da população mundial e, ao mesmo tempo, é o depositário de uma civilização milenar.

iii) A "revolução iraniana", que derrubou a monarquia pró-ocidental do Xá Reza Pahlavi e criou, em 1979, uma república islâmica teocrática, fora do controle dos Estados Unidos, inimiga de Israel e competidora direta da Arábia Saudita, na luta pela hegemonia do Golfo Pérsico.

iv) O "fim" da URSS e do Pacto de Varsóvia, na década de 1990, e a volta da Rússia à Europa e ao sistema no início do século XXI, na condição de grande potência regional e mundial, graças a seu "poder energético" e armamento atômico de alcance global;

v) A "reunificação" da Alemanha, em 1993, e seu retorno à condição de maior Estado e principal economia da União Europeia, mesmo sem contar com as condições militares, energéticas e alimentares próprias de uma grande potência.

vi) O "afastamento" progressivo e cada vez mais acentuado da Turquia da Unidade Europeia e da própria Otan, depois do golpe de Estado de 2016, e sua aproximação com Rússia, Iran e o Grupo de Cooperação de Apoio de Shangai, liderado pela China.

vii) A perda da "excepcionalidade" e da "hegemonia moral" dos Estados Unidos, por conta das ambiguidades e do fracasso da estratégia americana do "Grande Médio Oriente".

Todos esses acontecimentos influenciaram, de uma forma ou de outra, a crise europeia. Mas não há dúvida de que a própria crise europeia constitui um dos elementos cruciais dessa transformação mundial, provocando verdadeiras ondas destrutivas em várias direções, a começar pelo chamado "Mundo Mediterrâneo". Já vimos, em artigo anterior, que depois de 1991 e do fim da União Soviética, a Otan passou por uma verdadeira "crise de identidade" e expandiu-se para o Leste, incorporando os países da Europa Central e envolvendo-se diretamente nas guerras da Bósnia e do Kosovo, durante a década de 1990. Dez anos depois, entretanto, a Otan foi mais longe ainda e criou um projeto de segurança coletiva para o Oriente Médio, que denominou de "Iniciativa de Cooperação de Istambul" (ICI), uma espécie de "guarda-chuva" que a autorizou a levar suas tropas até a Ásia Central, interferindo na Guerra do Afeganistão, e depois nas guerras do Iraque e da Líbia, ao lado de Estados Unidos, Grã-Bretanha e França.

Já vimos também como essa expansão do território e do escopo inicial da Otan acabou atingindo sua própria unidade e coesão interna. Além disso, as intervenções militares da Otan a transformaram em um braço a mais do "imperialismo ocidental", aos olhos do mundo árabe e de todo o "universo islâmico". Mais do que isto, transformaram os países europeus em sócios inseparáveis e corresponsáveis por um dos maiores fracassos de toda a história da política externa norte-americana.

São quase 25 anos de guerra contínua sem obter nenhum dos objetivos políticos fundamentais que motivaram intervenções e bombardeios sem fim e que são os principais responsáveis pelo aumento do "terrorismo difuso" e pela onda de refugiados que assustam o nacionalismo xenófobo dos europeus. Não é mera coincidência que este processo de crise e destruição se manifeste – ainda que de formas diferentes – nos dois lados do Mar Mediterrâneo.

Pode-se afirmar que a desintegração do projeto de unificação da Europa vem se projetando sobre o mundo islâmico e provocando um processo de retroalimentação destrutiva dentro deste mesmo universo que conquistou e moldou em conjunto o mundo moderno. O que foi uma relação conflituosa e criativa, através da história do último milênio, está se transformando num "abraço de morte". Mas, ao mesmo tempo, é das cinzas dessa destruição que já estão nascendo e se manifestando as forças que deverão moldar o futuro desse universo que já foi romano, mas também foi persa e otomano. E quais serão essas novas forças? Com toda certeza elas incluirão, como novidades, o Irã, que é herdeiro da civilização persa, e a Turquia, que é a herdeira otomana. Mas também deverão incluir, do outro lado das águas, a Rússia, herdeira do mundo bizantino e do cristianismo ortodoxo oriental.

Em 1991, depois do fim da Guerra Fria, não houve um Acordo de Paz que estabelecesse as perdas da URSS e definisse claramente as regras da nova ordem mundial, imposta pelos vitoriosos, como havia acontecido no fim da Primeira e da Segunda guerras mundiais. Mas as potências ocidentais se autoconvenceram da vitória de sua "ordem liberal" na economia e no campo das relações internacionais. A URSS não foi atacada, seu exército não foi destruído e seus governantes não foram punidos, mas, na década de 1990, os Estados Unidos e as demais potências ocidentais patrocinaram ativamente o desmembramento do território russo. Apesar disso, a Rússia manteve seu arsenal atômico e, depois do ano de 2001, como vimos noutro momento, o governo russo centralizou seu poder interno, seu Estado e sua economia. Retomou seu caminho de volta à condição de grande potência, a partir de sua primeira intervenção militar na Guerra da Geórgia, em 2008 e, sobretudo, depois de sua intervenção vitoriosa na Guerra da Síria, feita de forma autônoma, mas ao lado da "cruzada ocidental" e da causa comum contra o Estado Islâmico. Naquele momento, de um só golpe, a Rússia se solidarizou e desmoralizou a coalizão euro-americana e sua ambiguidade na Guerra da Síria.

Desde então, tem crescido o papel da Rússia nas negociações políticas e militares dentro do Oriente Médio, e na própria Europa dividida frente às sanções impostas, pelo Congresso Americano, à Rússia, em julho de 2017. Ou seja, a divisão da Europa frente à Rússia já criou uma fissura entre europeus e norte-americanos, e essa fissura pode se transformar, no médio prazo, em uma ruptura estratégica entre as potências do Atlântico Norte. Na verdade, 25 anos depois da grande derrota soviética e da vitória da "ordem liberal euro-americana", os russos já não estão questionando apenas essa "ordem eurocêntrica"; estão se propondo a reconstruí-la a partir do Leste e de sua própria liderança ou hegemonia, dentro do velho continente.

Por fim, não se pode pensar no impacto da crise europeia sobre o futuro do sistema mundial sem confrontá-la com o fenômeno do deslocamento da economia mundial na direção da Ásia, e com o processo de expansão da influência mundial da China. Depois das duas "Guerras do Ópio", em 1839-1842 e 1856-1860, a China foi submetida a um século de humilhações por parte das potências europeias fundadoras do sistema de Wesfália, e de suas duas regras fundamentais: a das "soberanias nacionais" e da guerra como forma regular de resolução dos conflitos entre seus estados nacionais. Na segunda metade do século XX, entretanto, a China expulsou seus invasores e adotou a forma de um Estado nacional, incorporando o modo de produção capitalista como instrumento de acumulação de poder, entrando num período de crescimento econômico contínuo e de projeção cada vez maior de seu poder e prestígio internacionais. Aos poucos, a China vem reconstruindo também seu antigo "sistema hierárquico tributário", dentro e fora de sua região imediata de influência histórica.

Muitos analistas já estão prevendo um grande confronto milenar entre o sistema chinês de organização de suas zonas de influência ou dominação "hierárquico-tributária", e o sistema de Westfália, criado pelos europeus e imposto ao resto do mundo, com base na ideia da igualdade entre a soberania de seus estados nacionais. No entanto, o mais provável é que não ocorra nada disso, e que o sistema mundial atravesse um prolongado período de grandes turbulências e guerras provocadas por mudanças súbitas e inesperadas, e por alianças cada vez mais instáveis, como se todo mundo estivesse reproduzindo agora, em escala planetária, o que foi a história passada de formação da própria Europa. Uma espécie de castigo ou maldição da velha Europa contra sua própria criatura.

Dezembro de 2017.

# 1.5
# Jogo bruto

> *Devemos confessar certa nostalgia pelo que ainda se pode chamar "idade de ouro da segurança", ou seja, por uma época em que mesmo os horrores eram ainda caracterizados por certa moderação e controlados por certa respeitabilidade, e podiam, portanto, conservar alguma relação com a aparência geral de sanidade social.*
> ARENDT, H. *Origens do totalitarismo*. São Paulo: Companhia das Letras, 2004, p. 153.

Menos de dois meses depois da queda do voo MH-17 da Malaysia Airlines, no leste da Ucrânia, o relatório preliminar da Junta Holandesa de Segurança chegou à conclusão de que o Boeing 777, da Malásia, "explodiu no ar como resultado de danos estruturais provocados por um grande número de objetos de alta energia (*high energy objects*) que penetraram no aparelho desde o exterior". Segundo especialistas, ao contrário do que se pensou incialmente, o avião da Malaysia Airlines teria sido atingido por um míssel ar-ar de fragmentação, que ao explodir disseminou milhares de objetos semelhantes a balas.

Um tipo de armamento altamente sofisticado e de fácil identificação, que os separatistas ucranianos não têm, nem nunca tiveram. O relatório final da junta holandesa só será publicado em meados de 2015, segundo sua porta-voz Sara Vermooij[8], mas seja qual for seu veredicto, parece que nenhuma das potências envolvidas no conflito está mais interessada nas verdadeiras causas e nos responsáveis por esse homicídio coletivo de 298 pessoas estranhas à guerra. Em grande medida, porque seus efeitos políticos internacionais já foram logrados, com o afastamento entre a Alemanha e a Rússia, e com o endurecimento da posição da União Europeia, defendido por Estados Unidos e Grã-Bretanha.

Em 1128, São Bernardo de Claraval – admirado até hoje pelas Igrejas católica, anglicana e luterana – cunhou a expressão "malecídio", para referir-se a um certo

---

8. Disponível em http://noticias.uol.com.br/internacional/ultimas-noticias 2014/09/09/aviao-foi-derrubado-na-ucrania-confirma-relatorio-preliminar.htm

tipo de homicídio abençoado por Deus e defender moralmente o assassinato de hereges e islâmicos, feito em nome de Deus. São Bernardo estava pensando e justificando o extermínio dos *mouros*, pelas Cruzadas dos séculos XI e XII, mas, de uma forma ou outra, esta mesma tese reapareceu mais tarde na teoria da "guerra justa", defendida pelos teólogos espanhóis dos séculos XVI e XVII, que também consideravam ético o extermínio dos indígenas americanos que resistissem à fé e à civilização cristã.

Essa teoria mudou sua fundamentação – depois de Hugo Grotius (1583-1645) e Samuel Pufendorf (1632-1694) – mas manteve o mesmo princípio e distinção que seguem presentes nos tratados e convenções dos séculos XIX e XX, que definem o "direito internacional da guerra" segundo a visão ética das potências ocidentais. Em todas as épocas, a chamada "ética internacional" foi definida e aplicada pelas grandes potências de cada momento, começando pela Igreja Católica, e sempre distinguiu e opôs o assassinato dos "amigos", ou "homens de bem", ao "malecídio" dos inimigos, ou "homens do mal", por meio de matrizes binárias e muito simples. E foi sempre em nome dessas matrizes éticas que as grandes potências de cada época arbitraram e executaram todo tipo de "malecídios", com ampla liberdade e total convencimento moral.

Durante a Guerra Fria, por exemplo, em nome da "contenção comunista", os Estados Unidos utilizaram-se do "incidente do Golfo de Tonkin" para declarar guerra ao Vietnã do Norte, em 1964. Em 2005, a Agência de Segurança Nacional norte-americana reconheceu que o incidente com as "torpedeiras norte-vietnamitas nunca foi realmente confirmado"[9]. Ou seja, 40 anos depois, o mundo foi informado de que esse incidente talvez tenha sido provocado adrede, ou pior, talvez nunca tenha existido. Assim como Estados Unidos e Bélgica participaram da conspiração que levou ao assassinato do líder nacionalista africano Patrice Lumumba, em 1961, mas só reconheceram sua corresponsabilidade mais de 40 anos depois[10]. E da mesma forma que agora, no ano de 2014, uma comissão de alto nível, formada por juristas e diplomatas de renome internacional, convocados pelas Nações Unidas, reconheceu que a morte do secretário-geral da ONU, Dag Hammarskjöld, em 1961, em acidente aéreo sobre a Rodésia do Norte, pode ter sido causada por um atentado[11]. Como foi também o caso de outro líder africano, Samora Machel, morto em

---

9. Disponível em http://pt.m.wikipedia.org/wiki/Incidente do Golfo de Tonkin
10. Disponível em http://es.m.wikipedia.org/wiki/Patrice_Lumumba
11. Disponível em http://www.onu.org.br/morte-de-ex-secretário-geral-da-onu-pode-ter-sido-proposital-avalia-comissao-de-jurista/

1986, em outro acidente aéreo – sobre a África do Sul – que teria sido organizado pelo serviço secreto soviético[12].

Essa lista de conspirações e "malecídios" poderia seguir, e seria quase infinita. Mas neste caso, qual seria a grande novidade no novo "incidente da Ucrânia"? Antes do que nada, a Guerra Fria parece que deixou o mundo ocidental sem uma baliza ética binária e simples, de utilização automática, e a nova tábua dos "direitos humanos" tem sido aplicada de forma absolutamente arbitrária e seletiva, por europeus e norte-americanos, sobretudo na sua lambança do Oriente Médio. E o que é mais importante e novo é que esta arbitrariedade tem ficado mais visível e de imediato – ao contrário dos tempos de Tonkin – graças à instantaneidade da informação e ao vazamento cada vez mais frequente dos "segredos de Estado" das grandes potências, que revelam a existência de infinitos pesos e medidas na aplicação das regras criadas pelos europeus e seus descendentes.

Por último, como consequência dessas incoerências e arbitrariedades explícitas, se pode ver que está em pleno curso um processo de "terceirização" do arbítrio e da execução de "malecídios" banalizados como instrumento de luta política local, nos países considerados relevantes para a geopolítica das grandes potências.

Setembro de 2014.

---

12. Disponível em http://pt.m.wikipedia.org/wiki/Samora-Machel

# 1.6
# Humilhação pedagógica

> *Alexis Tsipras: "Assumo a responsabilidade de assinar um texto no qual eu não acredito, mas que sou obrigado a implementar. A dura verdade é que nos foi imposto um caminho de mão única".*
> *O Globo*, 17/07/2015.

É muito difícil identificar causas e estabelecer culpas quando se está falando de processos históricos de enorme complexidade, como é o caso do acelerado esgotamento do projeto de unificação europeu. A atual crise grega representa apenas um ponto numa trajetória de erosão e declínio que começou faz tempo, talvez no momento mesmo da unificação alemã, ou na hora em que o projeto se expandiu de forma irresponsável, incluindo 28 países totalmente diferentes e desiguais. Sem falar na importância decisiva que teve a criação da moeda única – o Euro – sem o respaldo de uma autoridade fiscal unificada e soberana. Agora esta história já é passado, e o projeto concebido pela geração de Schuman, De Gasperi, Adenauer e Delors já acabou. E o mesmo se pode dizer de sua nova versão desenhada por Helmut Kohl e François Mitterrand, nos anos de 1980.

A importância econômica e demográfica da Grécia é pequena dentro da União Europeia; o PIB grego não chega a 2% do PIB europeu, mas o tamanho da humilhação grega transcende os números econômicos e a simbologia democrática, e já se transformou em advertência, sobretudo para as demais potências europeias. Em julho de 2015, a inflexibilidade e o mandonismo alemão enterraram definitivamente a utopia da solidariedade cidadã, e da responsabilidade compartida, que alimentou a primeira geração dos europeístas; a "Europa social" foi completamente derrotada pela "Europa dos mercadores", de que falava Mitterrand. O ressentimento grego ficará reprimido à espera da vingança, mas a desconfiança mútua, entre a França e Alemanha, deve aumentar igual ao euroceticismo inglês. E para o resto da humanidade, fica a notícia da morte da última grande utopia do século XX: a do fim dos "egoísmos nacionais" europeus.

Em termos imediatos, o novo plano de austeridade imposto aos gregos repete quase todas as cláusulas fracassadas dos dois planos anteriores, aprovados em 2010 e 2012. Inclui, ao mesmo tempo, uma nova cláusula extremamente importante, criando um fundo gerido pelos credores para administrar os 50.000 milhões de euros obtidos com a venda de ativos nacionais gregos. Uma cláusula que relembra a história do século XIX e introduz um fantasma assustador no horizonte europeu do século XXI.

Resumindo: em meados do século XIX, existiam duas grandes posições dentro da elite europeia (e da inglesa, em particular) com relação à melhor forma de relacionar-se com o "resto do mundo". De um lado, alinhavam-se os seguidores de Adam Smith e de Lord Shelbourne, que consideravam que a simples superioridade econômica inglesa – acentuada pela Revolução Industrial – seria capaz de garantir seus interesses e vantagens em todo o mundo, sem ser necessário recorrer às conquistas territoriais e coloniais. Do outro lado, alinhavam-se os partidários de Disraeli, Palmerston, Cecil Rhodes, entre outros que defendiam a necessidade de expansão territorial, conquista colonial e civilização dos povos não europeus. A posição de Smith predominou na primeira metade do século XIX, mas a de Disraeli e Rodhes se impôs de forma avassaladora a partir de 1850.

Nessa mudança de rumo, entretanto, o importante é que a passagem de uma estratégia a outra se deu sem maiores traumas dentro da elite europeia, pelo caminho "natural" do mercado, sem grandes "conspirações imperiais". O processo se repetiu muitas vezes e é fácil de ser sintetizado, porque tudo sempre começava pela assinatura de algum "tratado comercial", entre europeus e não europeus, envolvendo a abertura das fronteiras econômicas dos "não europeus", em troca da compra de seus bens primários e do fácil acesso ao endividamento junto à banca inglesa e francesa. Uma "troca" que funcionava nos períodos de expansão, mas entrava em crise nos períodos de recessão internacional, quando os países endividados eram obrigados a fazer "ajustes fiscais" sucessivos que agravavam os problemas e levavam a uma renegociação permanente da dívida, até o momento em que países e bancos credores impunham a criação de "comitês de administração" que assumiam a tutela fiscal e financeira dos endividados. Assim mesmo, quando a situação econômica piorava, os europeus se sentiam com o direito de invadir o território e submeter os endividados à sua dominação colonial. Foi o caso paradigmático do Egito, onde a crise econômica da década de 70 do século XIX encerrou um ciclo de euforia modernizante, levando à renúncia do Quediva Ismael Paxá, em 1879, seguida da declaração da moratória, em 1880, da formação do Comitê de Administração (externa) da Dívida, em 1881, e da invasão inglesa e submissão do país à condição de colônia, e depois de protetorado britânico, entre 1882 e 1952.

É tolice fazer comparações macroeconômicas apressadas, ou supor que a história se repete mecanicamente. Mas é importante não fechar os olhos porque o novo plano de austeridade grego não vai resolver o problema financeiro da Grécia, e ela não vai pagar sua dívida nos termos atuais. Neste caso, qual será o próximo passo da Europa e da Alemanha, em particular? Além disso, é também importante que os "não europeus" aprendam com a história, porque as políticas de austeridade só funcionaram em casos excepcionais, em países que contaram com desafios ou fatores externos favoráveis, com poder político coeso e enorme capacidade de mobilização ideológica e social de seus povos.

Fora disso, as políticas de austeridade tenderam a agravar a situação que queriam corrigir, e se transformaram – na prática – em um instrumento de submissão crescente dos países fragilizados aos desígnios geopolíticos e geoeconômicos das grandes potências e suas corporações privadas, que operam e se expandem em conjunto.

Julho de 2015.

# 1.7
# A transformação mundial e a "ressurreição russa" do século XXI

> *A Rússia foi ignorada durante os anos de 1990. Os líderes ocidentais deram por assentado que os dias da Rússia como grande potência haviam acabado, e seus interesses já não precisavam ser levados em conta, mesmo quando importantes decisões de política externa tivessem que ser tomadas.*
> McNABB, D. *Vladimir Putin and Russia's Imperial Revival.* Nova York: CRC Press, 2016, p. 9.

A história da Rússia pode ser lida – sem exagero – como uma sucessão interminável de grandes "invasões estrangeiras", seguidas de longas "guerras de reconquista" e processos de reconstrução nacional tão rápidos quanto surpreendentes. O próprio nascimento da Rússia foi obra das invasões vikings dos séculos VIII e IX. Mas foram as invasões teutônicas e mongóis do século XIII que deixaram a marca mais profunda e duradoura na história e na identidade do povo russo. Começou então o processo secular de reconquista e formação do território russo a partir da vitória de Alexander Nevsky, em 1242, sobre os Cavaleiros Teutônicos, que haviam invadido a Rússia a partir do Ocidente. Uma "longa marcha" que retomou seu caminho na direção do Oriente, nos séculos XV e XVI, sob a liderança de Ivan III, o "Grande" (1440-1505), e de Ivan IV, o "Terrível" (1530-1584), reconquistou os territórios russos, sob domínio mongol, dos Kanatos de Kazan e Astrakhan. No mesmo período, consolidou-se o poder do Grão-ducado de Moscou, que viria a ser o núcleo original do Estado russo, que se expandiu de forma quase contínua, a partir do século XVII, até se transformar no maior império territorial do século XIX e no maior Estado nacional do século XX.

Primeiro a Rússia expandiu-se na direção da Ásia; depois, na direção do Báltico e do Mar Negro; e finalmente na direção da Europa Central, aonde chegou após derrotar seus invasores suecos, na Grande Guerra do Norte (1700-1721), que consagrou a Rússia como a mais nova "potência europeia", e seu vitorioso imperador, Pedro, o Grande (1672-1725), como responsável pela "europeização" da sociedade e da cultura russas. Como contrapartida, desde o século XVIII, a Rússia enfrentou o desafio de proteger – simultaneamente – suas fronteiras ocidentais e orientais, cada vez mais extensas e vulneráveis. Seguiu-se uma história de vitórias e derrotas que foram consolidando uma identidade nacional russa extremamente bélica e defensiva.

Foi o caso da Guerra dos 7 Anos, entre 1756 e 1763; da Guerra contra o Império Turco-otomano, entre 1768 e 1792; da guerra contra a França de Napoleão Bonaparte, entre 1812 e 1815; da Guerra da Crimeia, contra uma coalisão anglo-francesa, entre 1853 e 1856; da nova guerra contra o Império Turco-otomano, entre 1868 e 1888; e da guerra contra o Japão, em 1904. Logo depois, começou a Primeira Guerra Mundial, em 1914, na qual a Rússia voltou a ocupar lugar central, até o momento de sua Revolução Soviética, em 1917, que se prolongou até 1921, na forma de uma guerra civil, com forte intervenção estrangeira, contra o governo e as forças soviéticas. E uma vez mais, na Segunda Guerra Mundial, a Rússia voltou a derrotar as tropas alemãs que invadiram seu território, numa luta que se estendeu de 1941 a 1945 e matou mais de 20 milhões de russos. Depois disso, já em 1946, a URSS foi transformada no principal inimigo da Aliança Atlântica, liderada pelos Estados Unidos, durante toda a Guerra Fria, até a dissolução da própria URSS, em dezembro de 1991.

Depois de cada uma dessas guerras, a Rússia voltou a se reconstruir e a retomar seu lugar como grande potência europeia. Mas esse fenômeno adquiriu uma dimensão extraordinária, depois da Primeira Guerra Mundial, da Revolução de Outubro e da Guerra Civil, que deixaram atrás de si um rastro de destruição e miséria dentro do território russo. Apesar disso, só 15 anos depois, a URSS já havia se transformado na potência econômica, industrial e militar que foi capaz de enfrentar e vencer as tropas nazistas que invadiram seu território, derrotando-as definitivamente na grande Batalha de Berlim, de 1945. Durante a Segunda Guerra Mundial, a população, a economia e o território russos voltaram a ser arrasados, mas apenas 12 anos depois, em outubro de 1957, a URSS lançou o primeiro satélite espacial do mundo, o Sputnik, que se transformou numa espécie de símbolo tecnológico do "milagre econômico" que transformou a URSS na segunda maior potência econômica.

Não houve "acordo de paz" depois do fim da Guerra Fria. Mas durante a década de 1990, o território, a população e a economia russos foram literalmente dizimados pelo avanço político e militar da Otan sobre o Leste Europeu, e pelo ataque interno dos antigos burocratas soviéticos, que promoveram uma "privatização selvagem" do antigo Estado russo. Basta dizer que, em 1890, o Império Russo tinha 22.400.000km$^2$ e 130 milhões de habitantes; no século XX, durante o período soviético, o território se manteve no mesmo tamanho, mas sua população chegou aos 300 milhões de habitantes. Hoje, depois da destruição da década de

1990, o território russo foi parcialmente retaliado e reduzido a 17.075.200km², e sua população diminuiu para 152 milhões de habitantes, tendo perdido, portanto, cerca de 5.000.000km² e aproximadamente 140 milhões de habitantes em apenas uma década, sem nenhum tipo de bombardeio ou guerra tradicional.

Essa destruição, junto com a recusa de qualquer tipo de ajuda financeira por parte das potências atlânticas na década de 1990, pesou decisivamente na vitória eleitoral de Vladimir Putin no ano de 2000, e na decisão do seu primeiro governo, entre 2000 e 2004, de resgatar o nacionalismo russo e retomar seu caminho tradicional de reconstrução da economia a partir de uma forte liderança estatal. Tanto Putin quanto seu sucessor, Dmitri Medvedev, e de novo Putin, mantiveram a opção russa dos anos de 1990 por uma economia capitalista, mas reorganizaram radicalmente seu Estado central e o complexo militar-industrial, e estatizaram a maior parte de suas gigantescas empresas de exploração e exportação de petróleo e gás. Ao mesmo tempo, redefiniram a doutrina militar russa dos anos de 1990, deixando claro às potências atlânticas que estavam dispostos – a partir dali – a utilizar seu arsenal atômico em caso de necessidade, para defender suas fronteiras e sua soberania nacional. Depois disso, em 2008, na Guerra da Geórgia, a Rússia deu uma primeira demonstração de que não aceitaria mais a expansão indiscriminada da Otan na direção de suas fronteiras. Mais à frente, incorporou o território da Crimeia, como resposta à intervenção euro-americana na Ucrânia em 2014, para finalmente, em 2015, fazer sua primeira intervenção militar vitoriosa fora de suas fronteiras, na guerra da Síria.

Uma vez mais, 25 anos depois do gigantesco colapso da União Soviética, a velha Rússia retomou seu caminho histórico, refez sua economia, deu um salto tecnológico no campo militar e eletrônico-informacional, assumiu o controle de seus recursos minerais e energéticos, e voltou a ocupar seu lugar entre as grandes potências militares do sistema internacional. Transformou-se, ao mesmo tempo, numa ponte indispensável entre o mundo atlântico e o novo centro dinâmico do capitalismo mundial, situado no Pacífico e na Ásia, e dentro de todo o território envolvido pelo abraço estratégico da Organização para a Cooperação de Xangai, e pelo abraço econômico do projeto chinês, do *"one road, one belt"*.

Apesar de tudo, existe um ponto nesta nova ressurreição russa que permanece como incógnita: como foi que a Rússia voltou a ser também o inimigo principal das potências atlânticas em tão pouco tempo, e depois de tantas transformações? Quase o mesmo lugar que havia sido ocupado pela União Soviética depois do fim da Segunda Guerra Mundial e durante toda a Guerra Fria.

Naquele período, a URSS liderava um projeto internacionalista que ameaçava os valores fundamentais da sociedade liberal e capitalista, enquanto que a Rússia de hoje é um país capitalista que segue uma cartilha rigorosamente nacionalista e conservadora, adotando uma posição geopolítica realista e pouco ideológica – o oposto, portanto, do que foi a URSS no século XX. Apesar disso, a Rússia já foi colocada de volta no lugar que havia sido destinado à sua antecessora, no jogo geopolítico mundial. Como explicar esse fenômeno, se descartarmos a hipótese ridícula e pueril de que a Rússia esteja sendo castigada por sua suposta intervenção nas eleições norte-americanas, coisa aliás que os Estados Unidos costumam fazer regularmente em todos os países que consideram de seu interesse estratégico?

Para responder a esta pergunta, sugerimos uma hipótese a partir da teoria da guerra de Carl von Clausewitz (1780-1830) e, em particular, de sua tese sobre a importância da "dissimetria entre as ações ofensivas e defensivas", numa guerra entre dois países desiguais, do ponto de vista de seu poder econômico e militar. Para Clausewitz, "ataque" e "defesa" são duas ações e estratégias de natureza inteiramente diferentes, ainda que sejam complementares e indissociáveis, não existindo a possibilidade de que duas forças opostas e assimétricas se ataquem simultaneamente. Nesse tipo de enfrentamento, cabe ao lado mais fraco adotar uma estratégia defensiva que seja capaz de paralisar a superioridade e a confiança do adversário, criando uma situação de empate ou de trégua, que pode se transformar numa paz mais ou menos duradoura. Exatamente aquilo que ocorreu na relação entre os Estados Unidos e a URSS durante a Guerra Fria, ou pelo menos até a década de 1980. E, do nosso ponto de vista, é isto também que está ocorrendo de novo, na relação entre a Rússia e as potências atlânticas, neste início do século XXI.

Ou seja, mesmo sem portar a bandeira libertária do socialismo internacionalista defendido pela URSS no século XX, a "Nova Rússia", capitalista, conservadora, nacionalista e fortemente influenciada pelo cristianismo ortodoxo, mesmo sem querê-lo, mas empurrada pela força estrutural da luta pelo poder internacional, já se transformou na liderança e na "proteção" militar de todos os povos que se oponham ao exercício arbitrário do poder militar global dos Estados Unidos.

Agosto de 2017.

# 1.8
# O lugar da Rússia na estratégia global dos Estados Unidos

> *War is unpleasant, but it is an inherent part of state system composed of sovereign independent State units. To forget that reality because wars are unwelcome is to court disaster.*
> SPYKMAN, N. *America's Strategy in World Politics*. Nova York: Harcourt, Brace and Company, 1942, p. 25.

A polarização da sociedade americana e a luta fratricida de suas elites devem prosseguir e aumentar de intensidade nos próximos anos, mas não devem alterar a direção, nem a velocidade do crescimento do poder militar global dos Estados Unidos. Esse tipo de divisão e luta interna não é um fenômeno novo nem excepcional, e se repetiu em vários momentos do século XX, toda vez que foi necessário responder a grandes desafios e tomar decisões cruciais no plano internacional.

Foi o que aconteceu, por exemplo, com a entrada dos Estados Unidos na Primeira e na Segunda guerras mundiais, com sua saída das guerras da Coreia e do Vietnã, e em vários outros momentos mais recentes, sem que isto tenha alterado a "marcha forçada" daquele país na direção do "poder global" que foi construindo a partir do fim da Segunda Guerra. O mesmo deve ocorrer de novo, no início do século XXI, independentemente do que aconteça com o mandato do Presidente Donald Trump, porque existem dois consensos fundamentais, dentro da elite americana, que se mantêm constantes, a despeito de suas brigas internas e de quais sejam seus partidos e facções governantes:

i) no campo das ideias, o consenso com respeito ao papel de liderança e comando militar que os Estados Unidos devem ter dentro do sistema mundial;

ii) e no campo material, o compromisso comum com a reprodução e expansão permanente da infraestrutura militar – humana e material – indispensável ao exercício desse poder global.

Graças a esse consenso fundamental, a "grande estratégia" dos Estados Unidos no campo internacional segue sempre em frente, a despeito das "trepidações internas" da sociedade americana, orientada por dois objetivos fundamentais:

i) a "segurança estratégica" dos Estados Unidos, envolvendo a prevenção ou eliminação de toda e qualquer ameaça a seus interesses nacionais e militares, em qualquer ponto do mundo, incluindo o controle naval e aeroespacial de todos os "fluxos" relevantes para o exercício da supremacia estratégica global; ii) a ênfase particular na "segurança energética" das forças militares e econômicas dos Estados Unidos e de seus principais aliados, com controle do acesso às principais fontes de energia, mantido seu direito ao bloqueio instantâneo – em caso de necessidade ou beligerância – do acesso de seus concorrentes ou inimigos.

Deste ponto de vista, pode-se entender por que será quase impossível que prospere a proposta do Presidente Donald Trump de mudar as relações dos Estados Unidos com a Rússia, buscando acordos e responsabilidades específicas em "áreas estratégicas" e "zonas de influência" definidas de comum acordo. O Presidente Barack Obama já havia proposto um movimento nessa direção, no início do seu primeiro mandato, mas foi prontamente demovido desse seu objetivo inovador pelo *establishment* americano e por seu próprio partido. Porque isto exigiria da Rússia a aceitação e legitimação do poder global americano, e envolveria, como contrapartida, a aceitação norte-americana da existência de áreas compartidas e/ou exclusivas sob influência ou controle russo. Mas sobretudo porque a despolarização da relação entre os dois países deixaria vago o papel que vem sendo cumprido pela Rússia neste último século e meio, como o "inimigo necessário" que funcionou como referência e princípio organizador da estratégia militar da Inglaterra, na segunda metade do século XIX, e da estratégia global dos Estados Unidos, no século XX.

Um mesmo inimigo comum que cumpriu, durante quase dois séculos, o papel de organizador e hierarquizador dos objetivos estratégicos e do planejamento militar das duas grandes potências anglo-saxônicas e também, em menor grau, da França e da Alemanha, dentro da Europa. Por isso, sem o "inimigo russo", o "império militar" americano perderia sua "bússola" e teria que sucatear uma parte importante de sua infraestrutura global que foi construída com o objetivo específico de conter, enfrentar e derrotar a Rússia, envolvendo um investimento em recursos materiais e humanos absolutamente gigantesco.

Deste ponto de vista, o ingresso da China é – sem dúvida – a grande novidade do sistema interestatal nas duas primeiras décadas do século XXI e representa uma ameaça de médio prazo à supremacia econômica e militar dos Estados Unidos no Leste Asiático e na Ásia Central. Mas ainda não é uma ameaça global, nem se transformou no foco da "grande estratégia" norte-americana, entre outras coisas, porque não dispõe da capacidade atômica russa de destruir o território americano.

Deve-se prever com toda certeza que o enfrentamento dos Estados Unidos com a Rússia ainda seguirá sendo o grande guarda-chuva e a principal justificativa do uso cada vez mais frequente e generalizado, pela política externa norte-americana, das chamadas guerras de "quarta geração", ou "híbridas", na sua relação com as potências intermediárias e os países da periferia do sistema. Apesar de o próprio colapso da URSS, nos anos de 1980/1990, poder ser considerado como o experimento pioneiro e bem-sucedido das "guerras de quarta-geração", esse tipo de guerra só passou a ser utilizado pelos Estados Unidos como instrumento regular e frequente de sua política externa a partir das "revoluções coloridas" da Europa Central e das "primaveras árabes" do norte da África. Generalizou-se, a partir daí, para quase todas as partes do mundo, inclusive para a América do Sul. Uma sucessão de intervenções que transformou esse tipo de guerra, na segunda década do século XXI, em um fenômeno quase permanente, difuso, descontínuo, surpreendente e global.

Trata-se de um tipo de guerra que não envolve necessariamente bombardeios, nem o uso explícito da força, porque seu objetivo principal é a destruição da vontade política do adversário, através do colapso físico e moral do seu Estado, da sua sociedade e de qualquer grupo humano que se queira destruir. Um tipo de guerra no qual se usam a informação mais do que a força, o cerco e as sanções mais do que o ataque direto, a desmobilização mais do que as armas, a desmoralização mais do que a tortura. Por sua própria natureza e seus instrumentos de "combate", trata-se de uma "guerra ilimitada" no seu escopo, no seu tempo de preparação e na sua duração. Uma espécie de guerra infinitamente elástica que dura até o colapso total do inimigo, ou então se transforma numa beligerância contínua e paralisante das forças que se dividiram e foram jogadas umas contra as outras, por fatores internos, mas com a contribuição decisiva da potência interventora.

No novo contexto, a própria defesa da democracia e dos direitos humanos – que marcou a última década do século passado – perdeu relevância, porque as novas guerras e intervenções externas dos Estados Unidos têm cada vez menos preocupações éticas. Além disso, essa nova guerra não tem nenhum compromisso com a reconstrução do "adversário", como aconteceu, por exemplo, com Japão e Alemanha, e com o próprio Plano Marshall, destinado à reconstrução europeia, depois do fim da Segunda Guerra Mundial. Não está mais garantido nem mesmo o acesso privilegiado ao mercado interno dos Estados Unidos, como ocorreu com Coreia, Japão e vários outros países destruídos e depois ajudados pelos Estados Unidos. O que tem sido oferecido na situação atual é apenas o cardápio básico das reformas propostas pelo chamado "Consenso de Washington".

Por analogia, muitos analistas falam de uma nova Guerra Fria, ou de uma Terceira Guerra Mundial, quando se referem a esse estado de guerra intermitente e contínuo do século XXI. O importante, entretanto, é compreender que o fenômeno da guerra adquiriu novo significado e nova duração no sistema internacional e na estratégia de poder global dos Estados Unidos. Em grande medida, graças à própria necessidade endógena de reprodução e expansão contínua do "império militar" americano, que foi construído durante a segunda metade do século XX, mas que se expandiu significativamente depois do fim da Guerra Fria.

Por fim, é muito importante que se entenda, sobretudo no caso dos que vivem na "periferia norte-americana", que acabou definitivamente o tempo da "hegemonia benevolente", com seu compromisso irrestrito e universal com a democracia, e com sua proteção seletiva de alguns casos de desenvolvimentismo e bem-estar social. Já não dá mais para voltar atrás.

Julho de 2017.

# 1.9
# Dúvidas e certezas norte-americanas

> *O Deus todo-poderoso abençoou nossa terra de muitas maneiras. Ele deu ao nosso povo corações robustos e braços fortes com os quais podemos desferir golpes poderosos por nossa liberdade e verdade. Ele deu ao nosso povo uma fé que se tornou a esperança de todos os povos em um mundo angustiado.*
> ROOSEVELT, F.D., 1944. Apud ANDERSON, P. *A política externa norte-americana e seus teóricos*. São Paulo: Boitempo, 2015, p. 42.

No seu último livro lançado no Brasil, o historiador inglês Perry Anderson incursiona no campo da geopolítica e das relações internacionais, e reconstrui de forma impecável os principais acontecimentos e inflexões da política externa dos Estados Unidos, no período que vai do fim da Segunda Guerra Mundial até o início do século XXI. *A política externa norte-americana e seus teóricos* é uma obra sucinta e que se inscreve na literatura crítica do imperialismo, mas não repete seus argumentos clássicos, nem acredita, como a maioria dos analistas de esquerda, que os Estados Unidos estejam vivendo um "declínio inevitável" ou algum tipo de "crise terminal".

Para Anderson, a oposição radical ao Império Norte-americano não "exige garantias do seu recuo ou do seu colapso iminente". Mais do que isso, ele considera que, apesar das grandes mudanças geopolíticas em pleno curso na segunda década do século XXI, os Estados Unidos mantêm sua hegemonia mundial. Por isso mesmo, o autor dedica a segunda parte do seu livro à releitura cuidadosa do debate contemporâneo nos Estados Unidos, entre seus principais analistas estratégicos, sobre os caminhos futuros do poder americano. Um debate e uma interlocução que transcendem o campo da política externa e não têm preocupações acadêmicas, envolvendo um grupo seleto de autores que trabalham direta ou indiretamente para os departamentos de Estado e de Defesa, e que discutem a estratégia do poder global dos Estados Unidos diretamente com a "burocracia imperial" do Estado americano, independentemente de qual seja o presidente ou partido político que esteja no governo. É o caso, por exemplo, de Walter Mead, Michael Mandelbaum, John Ikenbery, Charles Kupchan, Robert Kagan, William

Kristol, Zbigniew Brzenzinski, Robert Art, Thomas Barnett, Richard Rosencrance, ou Francis Fukuyama, entre outros.

Uma síntese do debate atual permite identificar algumas grandes dúvidas e certezas que atravessam todos esses autores e delimitam e anunciam de alguma forma os critérios que orientarão – muito provavelmente – as próximas decisões e os próximos passos a serem dados pelos Estados Unidos dentro do sistema internacional. Há dúvidas e uma discussão intensa, por exemplo, sobre qual a melhor forma de enfrentar o desafio atual da Rússia e da China, pela via do diálogo e da cooptação, ou do atrito e da contenção; sobre qual grau de autonomia que os Estados Unidos devem conceder a seus pequenos protetorados europeus, em particular à Alemanha; e existem alguns analistas que consideram inclusive a possibilidade e as vantagens de permitir acesso limitado e tutelado do Irã às armas nucleares.

Por outro lado, todos esses analistas e arquitetos da "grande estratégia" americana compartem algumas certezas e convicções, como por exemplo:

i) De que os Estados Unidos são um povo "escolhido" e indispensável, que têm a responsabilidade de liderar e policiar o sistema internacional, devendo manter de todas as formas sua supremacia militar global e o controle absoluto dos mares e oceanos do mundo. Além disso, eles são hoje os responsáveis pela manutenção do domínio mundial anglo-saxônico, que começou com a Inglaterra e se prolonga há 400 anos.

ii) De que acabou-se a distinção clássica entre realistas e idealistas dentro do *establishment* americano, e hoje todos os partidos e governantes estão obrigados a seguir uma mesma estratégia, que alguns chamam de *"wilsonismo realista"*.

iii) De que os Estados Unidos não podem abrir mão, em nenhuma circunstância, da defesa e preservação do livre-comércio e dos mercados financeiros desregulados. Nenhum deles defende qualquer tipo de fundamentalismo teórico ou ortodoxo, de tipo econômico. Mas todos têm certeza de que os mercados abertos e as finanças desreguladas são o principal instrumento de poder internacional dos Estados Unidos, antes do uso das armas.

iv) E por fim, quase nenhum desses analistas acredita mais na validade universal da democracia, nem na possibilidade de os Estados Unidos exercerem, no futuro, uma liderança mundial "hegemônica e benevolente". Neste momento, a democracia passou para um segundo plano, como instrumento de promoção e defesa dos interesses estratégicos americanos.

A defesa inconteste – de todos esses analistas – dos mercados abertos e finanças desreguladas é uma notícia muito ruim para os que ainda sonham com o patrocínio norte-americano do imediato pós-guerra, das finanças reguladas, do desenvolvimentismo e das democracias do bem-estar social. Mas seu desinteresse pela democracia parece obedecer a um movimento cíclico dentro da história da estratégia global do Estados Unidos.

Embora seu idioma obrigatório seja sempre o "internacionalismo liberal e democrático", os Estados Unidos sempre promoveram a democracia de forma seletiva e sazonal. Foi o que ocorreu depois da Segunda Guerra Mundial, quando apareceram como líderes democráticos mundiais durante duas décadas, e depois apoiaram ou mesmo participaram diretamente de todos os golpes e ditaduras militares da América Latina, das décadas de 60 e 70 do século passado. Mais à frente, os Estados Unidos voltaram a priorizar a democracia, depois do fim da Guerra Fria, e agora parece que voltaram a colocá-la num segundo plano. Os democratas do mundo, em particular os da periferia europeia e da América Latina, que ponham suas "barbas de molho".

Fevereiro de 2015.

# 1.10
# A transformação mundial e o "fenômeno Trump"

> *O aparecimento de uma potência emergente é sempre um fator de desestabilização e mudança do sistema mundial, porque sua ascensão ameaça o monopólio das potências estabelecidas. Na verdade, porém, os grandes desestabilizadores do sistema são os próprios estados líderes ou hegemônicos, pois eles não podem parar de se expandir para manter sua hegemonia – e para se manter à frente dos demais, eles precisam desafiar continuamente as regras e instituições que foram estabelecidas por eles mesmos, mas que podem estar bloqueando sua necessidade de inovar e expandir mais do que todos os demais.*
> FIORI, J.L. *História, estratégia e desenvolvimento*. São Paulo: Boitempo, 2014, p. 30-31.

A primeira impressão do analista é que o relógio do mundo enlouqueceu e a bússola do sistema mundial quebrou, porque a partir de um certo momento, neste início de século, sucederam-se fatos e fenômenos internacionais absolutamente surpreendentes e de consequências imprevisíveis. Antes disso, por exemplo, a queda do Muro de Berlim e o desaparecimento da URSS também foram surpreendentes, mas as guerras que se seguiram, no Golfo Pérsico e nos Balcãs, eram previsíveis e cumpriram o papel de definir as novas regras de funcionamento e gestão do sistema mundial depois do fim da Guerra Fria. Da mesma forma que os atentados em 11 de setembro de 2001 surpreenderam a humanidade, mas as guerras que se seguiram, no Afeganistão e no Iraque, já estavam planejadas há muito tempo e faziam parte da reorganização da geopolítica do "mundo islâmico" depois do fim da União Soviética.

Algo inteiramente diferente do que aconteceu com o golpe militar da Turquia em julho de 2016, que foi absolutamente surpreendente na medida em que foi apoiado por forças ligadas à Otan e foi desferido contra um governo da própria Otan, e apesar de tudo foi derrotado pelo contragolpe do Presidente Recep T. Erdogan, que tem se aproximado cada vez mais da Rússia e do Grupo de Shangai.

Também surpreendeu o mundo o ataque norte-americano à Síria, em abril de 2017, com o lançamento de dezenas de mísseis Tomahawk como resposta a um ataque com armas químicas que matou cerca de 80 pessoas perto da cidade de Homs, mas cuja origem e a própria existência jamais foram investigadas ou comprovadas. Da mesma forma, o lançamento sobre o Afeganistão, em abril de 2017, de uma bomba GBU-43, a mais poderosa arma de que dispõem os Estados Unidos fora do seu arsenal nuclear, sem que tenha havido nenhum motivo ou aviso prévio conhecido. Para não falar do ultimato da Arábia Saudita e de seus aliados do Golfo Pérsico apresentado ao governo do Qatar em junho de 2017, de forma inteiramente abrupta, arbitrária e inesperada, sem que se consiga divisar suas causas, consequências e desdobramentos.

Alguns analistas costumam colocar, nesta mesma lista de "surpresas", a vitória do Brexit no plebiscito britânico de junho de 2016 e a eleição presidencial de Donald Trump em novembro do mesmo ano. Mas é necessário ter cautela com essas comparações, porque nem o Brexit nem Trump "caíram do céu", apesar de que as consequências dessas duas decisões anglo-saxônicas permaneçam inteiramente indefinidas e imprevisíveis no campo internacional. No caso do plebiscito britânico, o euroceticismo dos ingleses vinha crescendo há muito tempo e o projeto de integração europeia, nos últimos anos, vinha enfrentando obstáculos cada vez mais complexos e insuperáveis. Mas não há dúvida de que o resultado do plebiscito surpreendeu e desagradou a uma parte significativa da elite política, financeira e intelectual britânica, e deixou para trás uma enorme incógnita no horizonte europeu, uma vez que a saída inglesa tanto pode levar à desmontagem de seu projeto de unificação quanto pode acelerar a hegemonia e a militarização da Alemanha e do resto da Europa nos próximos anos.

Mesmo que a Grã-Bretanha não se dissolva, o mais provável é que siga no seu declínio como potência europeia, aumentando sua dependência "filogenética" dos Estados Unidos. Já no caso da vitória de Donald Trump, o primeiro que se deve fazer para explicar sua vitória, antes mesmo de discutir suas possíveis consequências, é separar e distinguir a figura excêntrica do novo presidente americano daquilo que podemos chamar de "fenômeno Trump", algo mais amplo e que transcende o personagem presidencial. Do nosso ponto de vista, a vitória de Donald Trump não foi imprevista, e o "fenômeno Trump" deverá permanecer e impactar o sistema mundial, mesmo que o presidente americano seja afastado, ou que seu governo seja bloqueado, como já aconteceu no passado, com os presidentes Nixon, Clinton e Obama.

Do ponto de vista econômico, faz muito tempo que analistas já vinham chamando a atenção para as consequências explosivas da crise financeira de 2008, e para os efeitos perversos das políticas adotadas pelo Governo Obama, como resposta à crise. Desde então, a economia americana se manteve em um patamar de crescimento inferior a suas taxas históricas, e muitos economistas já haviam diagnosticado uma "estagnação secular", agravada pelas quedas da "taxa de inovação" e da velocidade do "aumento da produtividade" da economia americana. Isso para não falar do clima de descontentamento generalizado provocado pelo aumento do desemprego industrial, pela queda da massa salarial e pelo crescimento exponencial da concentração de riqueza e desigualdade social. Por outro lado, do ponto de vista estritamente diplomático e militar, no mesmo período os Estados Unidos acumularam derrotas e fracassos sucessivos em suas intervenções externas, e muitos analistas vinham apontando uma diminuição da distância entre o poder bélico dos Estados Unidos em relação ao de seus principais competidores russos e chineses, criando um sentimento cada vez mais generalizado, na imprensa e nos meios acadêmicos, de que os Estados Unidos estariam perdendo sua liderança militar dentro do sistema mundial.

Embora os Estados Unidos continuem a ser, de fato, a principal potência econômica e militar do mundo e mantenham sua absoluta centralidade no funcionamento do sistema mundial, o que mudou indiscutivelmente foi a velocidade relativa das inovações tecnológicas e militares, e a tendência de longo prazo de mudança na correlação de forças entre os Estados Unidos e seus principais competidores dentro do sistema internacional. Este é um ponto importante que não se pode desconsiderar na explicação do "fenômeno Trump", porque as grandes potências tomam suas grandes decisões de mudança estratégica exatamente nos momentos em que se sentem ameaçadas por estas tendências de longo prazo, muito mais do que na hora de suas derrotas ou dificuldades imediatas e eventuais.

De qualquer maneira, do nosso ponto de vista existem outro problema e um desafio de prazo ainda mais longo por trás da ascensão vitoriosa de Trump. Eles não estão na economia nem nas armas, mas no campo "moral", onde os Estados Unidos vêm assistindo à perda acelerada de uma de suas principais armas, utilizada na conquista e no exercício do seu poder global: a crença nacional e a aceitação internacional da "excepcionalidade moral" dos Estados Unidos, que lhes dão o direito – como "povo escolhido" – a definir e impor, quando necessário, regras e critérios éticos internacionais e, em última instância, seu arbítrio e execução.

Esse processo de desconstrução da "excepcionalidade americana" começou na primeira década do século XXI e depois se acelerou vertiginosamente, graças aos sucessivos erros e atropelos da "verdade" e dos "direitos humanos" consequentes à "guerra global" ao terrorismo declarada por George W. Bush e levada à frente, a ferro e fogo e de forma quase contínua, pelos sucessivos presidentes que o sucederam. E, também, graças ao rotundo fracasso da política dos Estados Unidos e da Otan, de difusão da democracia e dos valores "ocidentais" no território que foi chamado de "Grande Médio Oriente". Assim mesmo, acreditamos que o processo de deterioração do "monopólio moral" dos Estados Unidos deu um salto de qualidade por ocasião da intervenção militar da Rússia no território da Síria em setembro de 2015 contra as forças do Estado ou Emirado Islâmico, realizada de forma inteiramente surpreendente e autônoma em relação aos Estados Unidos.

Naquele exato momento, sem nenhum aviso prévio, surgiu um novo poder militar, com capacidade atômica equivalente à dos Estados Unidos, propondo defender, arbitrar e punir outros povos fora de seu território e em nome dos mesmos valores ocidentais e cristãos assumidos de forma rigorosamente conservadora e ortodoxa pelo governo de Vladimir Putin. Foi como se, oito séculos depois, os cristãos ortodoxos russos tivessem se colocado ao lado dos católicos latinos e anglo-saxões para seguir em sua cruzada milenar contra as forças da "barbárie islâmica". Também se pode dizer que a Rússia assumiu e passou a ocupar seu lugar de direito na "comunidade moral" europeia, instalando-se na sala de comando do "programa" ou *software* do sistema de valores e arbítrios inventado pelos europeus ocidentais, herdado pelos Estados Unidos e imposto pelo "Ocidente" ao resto do mundo, nos séculos XIX e XX.

É importante sublinhar que a iniciativa militar russa veio apoiada por mudança acelerada de sua capacitação no campo das tecnologias de informação (amplamente reconhecidas por autoridades e especialistas ocidentais) utilizadas na espionagem e na guerra eletrônica, mas também na produção e difusão de informações e notícias capazes de transmitir ao mundo uma narrativa dos fatos, e uma interpretação dos acontecimentos diferente da dos Estados Unidos e de seus principais aliados de "fala inglesa". A gravidade desse desafio explica, em parte, a virulência do ataque de Trump à ideologia internacionalista dos próprios americanos e de seus aliados europeus, e também sua desqualificação de todos os regimes e instituições criados no século XX sob a liderança liberal-internacionalista dos herdeiros de Woodrow Wilson. Não se trata de uma retirada "isolacionista" ou "nacionalista"; pelo contrário, trata-se de uma estratégia segundo a qual os norte-americanos não precisam mais se submeter aos consensos, leis e regimes internacionais, ou às alianças permanentes que possam questionar a autonomia norte-americana e seu monopólio na definição e no arbítrio do que seja a "verdade" e a "virtude" internacionais.

Para esclarecer melhor nosso argumento, e poder extrair algumas conclusões preliminares, talvez possamos recorrer a uma comparação didática entre essa decisão, proposta por Donald Trump, e outra decisão tomada pelo governo americano ao redefinir sua estratégia internacional na década de 1970. Naquela ocasião, frente à crise da conversibilidade do dólar em ouro, os Estados Unidos se desfizeram do regime monetário que eles mesmos haviam criado em Breton Woods em

1944, desregularam os mercados financeiros que eles mesmos haviam regulado e passaram a sustentar a "credibilidade" internacional de sua moeda, sua dívida e suas finanças exclusivamente no seu poder global, político, militar e econômico. Essa simples decisão transformou o dólar em um instrumento de poder maior do que já era, e em uma verdadeira arma de guerra, que foi utilizada várias vezes, e com sucesso, nas décadas seguintes, quando os Estados Unidos multiplicaram de forma geométrica seu poder financeiro. Agora de novo, na segunda década do século XXI, desafiados pela "ousadia" russa, os Estados Unidos estão se propondo a redesenhar – uma vez mais – sua estratégia internacional, desfazendo-se de todo tipo de compromisso consensual, e de todos os "regimes" e "instituições" associados ao projeto do "cosmopolitismo ético" que eles mesmos criaram e difundiram *urbe et orbi*, e que agora pretendem refundar exclusivamente no seu "interesse nacional" e poder global, político, militar e econômico.

É muito difícil fazer previsões em um momento de grande ruptura e mudança, e ainda mais com relação a uma estratégia que se distingue por sua imprevisibilidade radical. Mas sempre é possível formular algumas conjecturas a partir da experiência histórica passada e de algumas características essenciais da proposta que está sendo sugerida e implementada:

i) Porque a nova estratégia americana de desconstrução dos velhos parâmetros ideológicos e morais, e de questionamento das antigas alianças e lealdades, deve provocar uma grande fragmentação no sistema interestatal ("síndrome de Babel"), com a multiplicação de seus conflitos locais, onde os Estados Unidos poderão atuar dentro do seu novo papel – estimulando as divisões, fornecendo as armas e se propondo a atuar como juízes.

ii) Porque esta mesma fragmentação deve alcançar um nível muito mais grave e incontrolável no leste da Ásia e na Europa, onde deverá reacender o militarismo do Japão e da Alemanha.

iii) E, finalmente, porque tudo isso deverá alimentar e realimentar a corrida armamentista entre os três grandes "jogadores" e produtores/fornecedores de armas do novo caleidoscópio mundial: Estados Unidos, Rússia e China.

Existe, entretanto, uma dificuldade prévia para qualquer previsão mais acurada, que atinge a premissa fundamental de todo o raciocínio "trumpiano": como saber e definir exatamente o "interesse nacional americano" no momento histórico em que a sociedade e o *establishment* político dos Estados Unidos aparecem divididos e radicalizados.

Pode-se deduzir que essa situação aumentará ainda mais a autonomia de comando que já existe, do "império militar" dos Estados Unidos, com suas 800 bases e milhares de soldados fora do seu território e com seus acordos de "ajuda" e/ou "defesa mútua" com mais de 140 países ao redor do mundo. Devemos concluir, portanto, que há uma alta probabilidade de que caiba ao comando militar desse "império" a verdadeira função de árbitro e executor da nova política externa dos Estados Unidos.

Julho de 2017.

# 1.11
# A "síndrome de Babel" (I)

> *This strategy is guided by principled realism. It is realist because it acknowledges the central role of power in international politics, affirms that sovereign states are the best hope of peaceful world, and clearly defines our national interest [...]. We are also realistic and understand that the American way of life cannot be imposed upon others, nor is it the inevitable culmination of progress.*
> PRESIDENCY OF THE UNITED STATES. *National Security Strategy of the United States of America*, dez./2017, p. 4 e 55. Washington.

No dia 17 de dezembro de 2017, a Casa Branca anunciou a nova "estratégia de segurança nacional" dos Estados Unidos, definida por sua nova administração, antes que o Presidente Donald Trump completasse o primeiro ano de seu mandato. Trata-se de uma declaração abrangente, na qual aparecem definidos os principais interesses, objetivos, metas e ações dos Estados Unidos, visando assegurar a segurança nacional americana contra ameaças de todo tipo e de todos os lugares do mundo.

Engana-se, entretanto, quem pensa se tratar apenas de mais um documento anual produzido de forma sequenciada e burocrática. Ele foi preparado em conjunto pelo Departamento de Estado, o Pentágono, a CIA e todas as agências de informação do governo americano, e mais o Departamento de Comércio e a Secretaria do Tesouro. Para lê-lo e entender sua importância transcendental há que distingui-lo e separá-lo da figura excêntrica, imprevisível, xenófoba, reacionária e descartável do Presidente Donald Trump, reconhecendo, ao mesmo tempo, que só uma figura como a dele poderia dar passagem a uma ruptura tão radical com a história e a tradição da política externa norte-americana.

Do ponto de vista estritamente acadêmico, o novo documento estratégico dos Estados Unidos se parece com um manual ortodoxo aplicado da teoria realista inaugurada por Hans Morgenthau (1904-1980) e atualizada pelo "realismo ofensivo" de John Mearsheimer (1947-), passando pelo "realismo moderado" de Henry Kissinger (1923-), entre tantos outros cientistas políticos e diplomatas americanos que nunca se deixaram encantar pelas teses clássicas do "cosmopolitismo liberal", introduzidas no cenário político internacional do século XX, depois da Primeira Guerra Mundial, pelo presidente americano Woodrow Wilson (1856-1924).

A parte mais lida, destacada e comentada do documento estratégico americano define os objetivos estratégicos do país e identifica os principais rivais e inimigos dos Estados Unidos, também considerados em conjunto como "ameaças externas" aos seus interesses nacionais. O documento começa listando os quatro objetivos estratégicos fundamentais dos Estados Unidos, que são permanentes e não apresentam novidades: i) proteger o povo americano e seu modo de vida; ii) promover a prosperidade econômica e a liderança tecnológica americana; iii) preservar a paz mundial através da força; e iv) avançar a influência global dos Estados Unidos. Em seguida, identifica os principais desafios e ameaças ao interesse nacional americano: i) Rússia e China, as duas grandes "potências revisionistas" que querem alterar a hierarquia do poder mundial; ii) Coreia e Irã, os dois grandes "estados predadores" que ameaçam seus vizinhos e o equilíbrio geopolítico do nordeste da Ásia e do Oriente Médio; iii) o "terrorismo jihadista" e todo tipo de organização criminosa internacional que propagam a violência e o tráfico de drogas e armas. Propõe então uma extensa lista de ações e iniciativas destinadas ao cumprimentos desses objetivos e ao enfrentamento dos rivais e inimigos dos Estados Unidos, passando pelo controle das fronteiras, pelo monopólio das grandes inovações tecnológicas, a liderança militar dos Estados Unidos em todos os campos, armamentos e territórios; o controle da produção e distribuição das fontes de energia ao redor do mundo; o uso do combate à corrupção como instrumento de luta de poder contra países e empresas concorrentes dos Estados Unidos etc.

No entanto, a grande novidade da nova estratégia de segurança nacional dos Estados Unidos não está em nenhum destes pontos em particular, que se repetem em vários outros documentos formulados por meio das décadas pelos responsáveis pela política externa americana. A novidade revolucionária do documento aparece em suas entrelinhas, e em várias de suas premissas e definições, como se fizessem parte da tradição americana desde sempre e fossem "verdades" aceitas e consensuais, no *establishment* da política externa americana.

De forma sintética, quase telegráfica, é possível listar os principais pontos em que se sustenta a nova visão do mundo da política externa americana, resumidos e listados sem respeitar necessariamente a ordem de sua apresentação no documento:

i) A definição do sistema mundial como um espaço de competição permanente pelo poder entre estados soberanos, que são o melhor instrumento para construir uma ordem mundial pacífica.

ii) Os Estados Unidos reconhecem que este é um mundo formado por nações fortes, independentes e soberanas, com culturas, valores, conceitos e sonhos próprios.

iii) Os Estados Unidos reconhecem que seus valores não são universais – e que não existem de fato "valores universais"; além disso, consideram que não existe nada que assegure que os valores americanos algum dia venham a se impor, seja pela força da expansão dos mercados ou da democracia.

iv) Os Estados Unidos definem seus interesses nacionais como ponto de partida de todas as suas tomadas de posição e negociação, abdicando da posição de árbitros dos conflitos mundiais.

v) Os Estados Unidos não abrem mãos dos seus valores, mas a partir de agora se propõem a negociar com os demais membros desse sistema competitivo, com base em seus interesses nacionais, sempre a partir de uma "posição de força".

vi) Para manter essa posição de força, os Estados Unidos se propõem a retomar a liderança mundial do processo de inovação tecnológica em todos os campos do conhecimento e, em particular, no campo da guerra e dos armamentos atômicos.

vii) Os Estados Unidos olham para sua prosperidade econômica como um instrumento de poder, e como uma arma na luta pela projeção de seu poder global.

viii) Por fim, os Estados Unidos abrem mão da ideia de uma hegemonia ética, moral ou cultural e optam pela perspectiva de um "poder global" que exerce sua vontade por meio da força e das armas, se for necessário, em todos os tabuleiros geopolíticos e geoeconômicos do mundo, incluindo o direito autoatribuído de mudar governos e regimes que sejam considerados uma ameaça política ou empresarial aos interesses norte-americanos.

Não é possível assegurar que esse documento seja irreversível, mas com certeza não é produto da idiossincrasia mental do Presidente Donald Trump. Pelo contrário, tudo indica que esse novo documento estratégico tenha sido produto de uma longa guerra interna dentro do *establishment* americano e estaria sinalizando a vitória do segmento militar responsável pela política externa dos Estados Unidos. Uma vitória que pode não ser definitiva, mas que representa, por si mesma, uma das mais profundas e revolucionárias rupturas da história da política externa dos Estados Unidos.

Uma vitória e uma ruptura do "império militar americano" com relação ao seu projeto de hegemonia e governança internacional, formulado e implementado depois da Segunda Guerra Mundial; e o que é mais disruptivo ainda, o abandono completo do projeto de construção de uma ordem mundial liberal liderada moralmente pelos Estados Unidos, tal como foi concebido e proposto pelo Presidente Woodrow Wilson depois do fim da Primeira Guerra Mundial. Se isto se confirmar, os Estados Unidos estariam abrindo mão do seu "messianismo" do século XX, e estariam deixando para trás suas próprias ideias sobre o "bem" e o "mal" dentro de um sistema internacional onde existiriam "impérios ou eixos do mal" e "guerras santas".

Nessa nova estratégia de segurança, não existiriam mais inimigos absolutos, e todas as negociações seriam possíveis, desde que favorecessem os interesses norte-americanos. Ou seja, os Estados Unidos abandonam seu "cosmopolitismo liberal" e utopia globalitária dos anos de 1990 de um mundo sem fronteiras, pacificado pelos mercados e pela democracia, e se convertem à velha geopolítica das nações, inaugurada pela Paz de Westfália, praticada pelos europeus durante dos séculos XVIII e XIX, e repudiada pelos norte-americanos durante todo o século XX.

Os Estados Unidos reconhecem a inexistência de valores universais, abandonam a proposta de um mundo convertido pela "ética ocidental" junto com qualquer tipo de utopia iluminista com relação ao futuro do sistema mundial, e deixam desocupada a cadeira de árbitro do sistema. Ao mesmo tempo, se propõem a levar à frente uma corrida tecnológica e militar contínua, dentro de um sistema instabilizado pela ideia de que qualquer guerra é possível, em qualquer momento e em qualquer lugar, contra qualquer rival, inimigo ou aliado da semana anterior (continua).

Janeiro de 2018.

# 1.12
# A "síndrome de Babel" (II)

> *Ora, Javé desceu para ver a cidade e a torre que os homens tinham construído. E Javé disse: "Eis que todos constituem um só povo e falam uma só língua. Isso é o começo de suas iniciativas! Agora, nenhum desígnio será irrealizável para eles. Vinde! Desçamos! Confundamos a sua linguagem para que não mais se entendam uns aos outros. Javé os dispersou dali por toda a face da terra, e eles cessaram de construir a cidade. Deu-se-lhe por isso o nome de Babel, pois foi lá que Javé confundiu a linguagem de todos os habitantes da terra e foi lá que Ele os dispersou sobre toda a face da terra.*
> Gn 11,5s. In: *Bíblia de Jerusalém*. São Paulo: Paulinas, 1980.

A história da Torre de Babel é muito antiga e enigmática, e reaparece de forma quase idêntica em vários lugares e culturas da história milenar da Mesopotâmia. Como todos os grandes "mitos" que resistiram ao passar do tempo, este também contém verdades e lições que transcendem a sua época, origem étnica, ou mesmo sua função religiosa original. É o caso, sem dúvida, da versão judaico-cristã do "mito de Babel", que sintetiza um contexto imaginário e uma "síndrome" universal da luta pelo poder, muito sugestiva para quem se proponha a explicar a mudança recente da conjuntura internacional e da estratégia de segurança dos Estados Unidos.

O "mito da Torre de Babel" conta a história dos homens que se multiplicam, depois do Dilúvio, unidos por uma mesma linguagem e um mesmo sistema de valores, propondo-se a conquistar o poder de Deus através da construção de uma torre. E conta como Deus reagiu ao desafio dos homens, dividindo-os e dispersando-os, dando a cada nação uma língua e um sistema de valores diferentes, de forma que não pudessem mais se entender nem se fortalecer conjuntamente. Depois disso, na sequência da mesma narrativa histórico-mitológica, Deus abre mão de sua "universalidade" e escolhe um único povo em particular, como porta-voz de seus desígnios, instrumento de sua vontade e realizador de suas guerras contra todos os povos que Ele mesmo criou no momento em que decidiu dividir e dispersar a humanidade primitiva, em Babel. Pois bem, nossa hipótese é que o sistema mundial, e os Estados Unidos em particular, estão vivendo e enfrentando essa mesma "síndrome" nesta segunda década do século XXI.

Expliquemos melhor: a unidade básica de poder do sistema mundial em que vivemos, nesse início do século XXI, ainda segue sendo o "Estado nacional", com suas fronteiras claramente delimitadas e soberania reconhecida pelos demais membros do sistema. Esse "sistema interestatal" se formou na Europa durante o "longo século XVI" (1450-1650)[13] e desde seu "nascimento" se expandiu de forma contínua, para dentro e para fora da própria Europa, na forma de grandes "ondas explosivas" que ocorreram, concentradamente, nos séculos XVI e XIX, e na segunda metade do século XX. Nesses períodos, o sistema estatal europeu conquistou e/ou incorporou o território dos demais continentes, impérios e povos, que foram adotando, aos poucos, as regras de convivência internacional estabelecidas pela Paz de Westfália, firmada em 1648, depois do fim da Guerra dos 30 Anos (1628-1648).

A Paz de Westfália foi assinada por cerca de 150 "autoridades territoriais" europeias, mas só existiam naquele momento seis ou sete "estados nacionais", com sua forma moderna, e com as fronteiras que se mantiveram depois da guerra. Depois das guerras bonapartistas, no início da "era imperialista" (1840-1914), esse número cresceu graças às independências dos estados americanos; e no final da Segunda Guerra Mundial, a carta de criação das Nações Unidas foi assinada por cerca de 60 estados nacionais independentes.

Na segunda metade do século XX, entretanto, o sistema interestatal deu um salto e se globalizou, e hoje existem quase 200 estados soberanos com assento nas Nações Unidas. Contribuíram para esse aumento geométrico o fim do colonialismo europeu e a independência dos estados africanos e asiáticos. Com destaque especial para a China, que transformou sua civilização e seu império milenar em um Estado nacional, que se integrou definitivamente a todos os organismos e regimes internacionais criados após a Segunda Guerra Mundial, depois do fim da Guerra Fria.

Por isso, aliás, muitos analistas americanos falaram, na década de 1990, do "fim da história" e do nascimento de um mundo unipolar, com a vitória da "ordem liberal" e a universalização do sistema de valores ocidentais, sob a hegemonia dos Estados Unidos. E tinham razão, porque de fato, nesse período, os Estados Unidos alcançaram uma centralidade no sistema mundial e um nível de poder global sem precedentes na história da humanidade, junto à globalização do siste-

---

13. Expressão usada pelo historiador francês Fernand Braudel para se referir-se às "longas durações" da história humana.

ma interestatal capitalista e de todas suas regras e instituições criadas pela ordem liberal do século XX.

Ao mesmo tempo, a expansão do poder americano teve papel decisivo no ressurgimento da Rússia e no salto econômico da China, as duas novas potências que passaram a se utilizar das regras do sistema interestatal e de suas mesmas normas, regimes e instituições, para questionar o novo mundo liberal e unipolar americano. Em particular, a Rússia, no campo militar, e a China, no campo econômico. Mas também o Irã, a Turquia, a Coreia do Norte e vários outros países, que se utilizam hoje da "diplomacia de Westfália" e da "geopolítica das nações", inventada pelos europeus, para questionar a própria hierarquia desse sistema europeu liderado pelos Estados Unidos.

Do nosso ponto de vista, foi exatamente essa convergência e homogeneização normativa do sistema interestatal, e o aumento do poder e da unidade dos estados que questionam a centralidade americana usando suas próprias regras de jogo, que começaram a ameaçar o poder global norte-americano, obrigando-os a dar uma guinada de 180 graus em sua estratégia internacional, tal como ocorre naquilo que chamamos de "síndrome de Babel".

Aqui como no mito milenar, desafiados em seus próprios termos, os Estados Unidos decidiram abdicar de sua "universalidade moral" dentro do sistema e desistiram do velho projeto iluminista de "conversão" de todos os povos aos valores da razão e da ética ocidentais. Ao mesmo tempo, abriram mão de sua condição de guardiões da "ética internacional" e de árbitros de todos os conflitos do sistema mundial. Mas não deixaram de considerar que seus valores nacionais são superiores aos dos demais, e se assumem como um "povo escolhido" que opta pelo exercício unilateral de seu poder, através da força e da promoção ativa da divisão e da dispersão de seus concorrentes, e do boicote a todo tipo de blocos políticos e econômicos regionais, seja a União Europeia, o Nafta, o Brics ou a Unasul.

Ou seja, os Estados Unidos se assumem como um "povo escolhido" e abdicam de sua "universalidade moral" para alcançar a condição de um "império militar" de escala global. No entanto, ao mesmo tempo, os Estados Unidos reconhecem e valorizam o sistema interestatal e se propõem a sustentar uma competição permanente pelo poder, com as outras grandes potências, numa luta que não terá árbitros nem posições neutras, e na qual todas as alianças e guerras serão possíveis, em qualquer momento e lugar. Um sistema no qual cada país terá que fazer valer seus interesses nacionais por si mesmo, através do aumento contínuo de seu poder econômico e militar, através de uma corrida tecnológica que deve levar a humanidade ao patamar sem precedente de inovação armamentista.

Essa nova estratégia internacional dos Estados Unidos pode ser revertida? É muito difícil de saber, porque ela não nasceu subitamente, nem é obra do Presidente Donald Trump. É produto de uma longa luta interna dentro da sociedade e do *establishment* americano que ainda está em pleno curso. Mas a simples publicação oficial desse documento sobre a estratégia de segurança nacional dos Estados Unidos já assinala uma vitória – mesmo que incompleta – do segmento ligado mais diretamente ao sistema de informação e de gestão do "império militar" norte-americano. Por isso, o mais provável é que as linhas centrais dessa nova estratégia se mantenham com qualquer governo depois de Trump, e só venham a ser alteradas por um novo equilíbrio de forças dentro do sistema mundial imposto pelas demais potências do sistema.

O problema é que para chegar até esse novo equilíbrio as demais potências terão que seguir a própria cartilha dos norte-americanos, e este é um caminho que passa perigosamente pela beira do abismo da guerra.

Fevereiro de 2018.

# 1.13
# A "invenção ocidental" do Oriente Médio

> L'invention du Moyen-Orient contemporaine date de la Première Guerre mondiale et de l'effondrement de l'Empire ottoman sur la base de découpages territoriaux décidés par les deux grandes puissances coloniales de l'époque, la France et la Grande Bretagne. Em quelques années, eles ont ainsi scellé le destin des peuples de cette région en les sommant de vivre à l'interieur de frontières imposées sans que leurs aspirations et leurs intérêts soient pris en compte.
> BLANC, P. & CHAGNOLLAUD, J.-P. L'invention tragique du moyen-orient. Paris: Autrement, 2017, p. 11

Depois do Vietnã, praticamente todas as guerras do sistema mundial que envolveram as "grandes potências" foram travadas no Oriente Médio, região que pertenceu ao antigo Império Otomano (1299-1920) e que foi entregue pelas potências vitoriosas à tutela de Grã-Bretanha e França logo depois da Primeira Guerra Mundial, porque era habitada por povos que "não eram capazes ainda de se dirigir a si mesmos", segundo o artigo 22 do Pacto da Sociedade das Nações, datado de 1919. Nesse território foram implantados, progressivamente, os estados ou emirados da Arábia Saudita, Bahrein, Catar, Chipre, Egito, Emirados Árabes Unidos, Iêmen, Israel, Irã, Iraque, Jordânia, Kuwait, Líbano, Omã, Palestina, Síria e Turquia. Todos eles, com exceção de Egito, Irã e Turquia, concebidos e criados artificialmente pelas duas potências coloniais europeias nas décadas que se seguiram à Primeira Guerra, e em menor número, depois da década de 1970, após a retirada definitiva das últimas tropas inglesas da região do Golfo Pérsico.

Em 2004, depois da Guerra do Iraque, o presidente norte-americano George W. Bush propôs a ampliação do antigo território do Oriente Médio e a inclusão de dez novos países situados entre Marrocos e Paquistão, dentro do que ele chamou de "Grande Médio Oriente", onde se propunha levar a cabo um grande projeto de "conversão árabe" aos valores da "democracia", do "mercado" e dos "direitos humanos". Nesse território, depois do início da Guerra do Líbano, em 1975, ocorreram mais cinco grandes guerras, ainda durante a Guerra Fria, e mais oito depois de 1990, sem incluir as 10 ou 15 revoluções e guerras civis que contaram com algum tipo de intervenção direta ou indireta das "grandes potências ocidentais".

O primeiro poço de petróleo do Oriente Médio foi descoberto no Irã, em 1907, e depois localizou-se petróleo no Iraque e na Arábia Saudita, nas décadas de 1920 e 1930, mas foi só depois que o Oriente Médio se transformou na maior reserva energética do mundo que seu epicentro geopolítico e econômico se transferiu definitivamente para o Golfo Pérsico. Mas muito antes que isso acontecesse, a região do Egito e da Mesopotâmia, em torno dos rios Nilo, Tigre e Eufrates, foi palco dos primeiros grandes processos civilizatórios da história da humanidade. Foi nessa região que nasceram os primeiros grandes impérios egípcio, hitita, sumério e babilônico, e também as primeiras grandes religiões monoteístas da história, o zoroastrismo, o judaísmo, o cristianismo e o islamismo. E foi aí também que se estabeleceram e competiram, durante quase mil anos, os grandes impérios da Pérsia e de Roma, que foram capazes de construir estruturas de poder centralizadas e duradouras sobre territórios que incluíam povos, etnias e culturas extremamente heterogêneas. E foi nessa região também que nasceu o Islã, séculos depois, expandindo-se de forma vertiginosa, a partir do século VII d.C., até conquistar terras e povos que se estendiam da costa atlântica da África e da Península Ibérica até o norte da Índia, Ásia Central, Rússia e China. Numa onda expansionista, maior e mais rápida do que fora a de Roma e da Pérsia, e só comparável, talvez, com as conquistas de Felipe e Alexandre da Macedônia. Por isso o Islã se transformou rapidamente numa religião, num império multiétnico e numa verdadeira "ordem mundial" até o século XIII, quando seu espaço imperial e religioso foi conquistado e reorganizado pelos turcos otomanos que derrotaram o Império Bizantino, conquistaram Constantinopla, em 1453, e se transformam num dos impérios mais longevos e bem-sucedidos da história – até pelo menos o século XVI ou XVII, quando a Europa foi uma periferia econômica e cultural desse império, antes que ele começasse seu lento processo de declínio, que culminou com sua dissolução e ocupação pelos europeus, no fim da Primeira Guerra Mundial.

No momento em que foram decididas a divisão desse antigo império, sua repartição e submissão à tutela da Grã-Bretanha e da França, ingleses e franceses já sabiam da existência de petróleo na região, e já tinham começado, durante a guerra, a substituir o carvão pelo petróleo na mobilização de suas Forças Armadas. Por isso, não cabe dúvidas de que o fator petróleo teve um peso decisivo nas negociações secretas e anteriores ao final da guerra, que levaram à assinatura do Acordo Sykes-Picot, em 1916, entre França e Grã-Bretanha. Mais à frente, logo depois da assinatura do Tratado de Versalhes, em 1919, foi na Conferência de San Remo, realizada em 1920, que o Conselho Supremo das Forças Vitoriosas definiu os "mandatos" e atribuições de Grã-Bretanha e França em seus novos domínios. A Grã-Bretanha ficou com a tutela dos territórios correspondentes à Palestina e ao Iraque, enquanto a França ficou com os territórios futuros da Síria e do Líbano, confirmando os termos gerais do Acordo Sykes-Picot. Nas décadas seguintes, as duas grandes potências coloniais europeias redesenharam o mapa da região, criando e impondo os novos estados nacionais, com exceção da região central do antigo império, que se rebelou contra as decisões de San Remo e fez sua própria revolução, sob a liderança de Mustapha Kemal, o criador da moderna República da Turquia, reconhecida pelo Tratado de Lausanne, de 1923.

O processo de retalhamento do antigo território otomano também provocou guerras e rebeliões em outras áreas tuteladas por franceses e ingleses, como no caso do Iraque em 1920; da Síria, em 1925-1927 e de novo em 1943; da Transjordânia, em 1923; da Palestina, em 1936-1939, e do Líbano em 1943. Todas elas reprimidas e derrotadas, ao contrário do que ocorrera na Turquia. Essas revoltas ressurgiram logo depois da Segunda Guerra Mundial, quando a criação do Estado de Israel, em 1948, no território da Palestina, com apoio de Grã-Bretanha, França e Estados Unidos, provocou a primeira grande guerra regional, entre judeus e árabes, que se repetiria depois, em 1966, na "Guerra dos 7 Dias"; e em 1973, na "Guerra do Yom Kippur", quando pela primeira vez na história o "embargo" do petróleo foi utilizado pelos países árabes como arma de guerra contra os países aliados de Israel.

Depois da Segunda Guerra Mundial, a fragilização da França e da Grã-Bretanha abriu portas para as últimas independências dos novos países criados pelos europeus, e também permitiu a ascensão de militares partidários do nacionalismo árabe ao governo do Egito, como foi o caso paradigmático de Gamal Abdel Nasser; e também na Argélia, Iraque, Síria, Iêmen e Líbia. Ao mesmo tempo, a retirada franco-britânica permitiu aos Estados Unidos (e os obrigou a) assumirem a tutela militar do Oriente Médio, em nome das potências ocidentais, sobretudo depois da crise do Canal de Suez, em 1956.

Talvez se possa afirmar que foi exatamente naquele momento que acabou a tutela das potências coloniais europeias sobre os países do Oriente Médio, como foi também que os Estados Unidos se transformaram na potência militar dominante do Oriente Médio. Mas é fundamental sublinhar que o Oriente Médio já não era mais o mesmo, depois da descoberta de suas massivas reservas de petróleo, sobretudo no Irã e na Arábia Saudita, que viraram polos de referência geopolítica e econômica de uma região que se transformou na maior reserva energética do mundo.

Março de 2018.

# 1.14
# Petróleo, soberania e "guerra de posição"

> *Toda tentativa de assegurar o controle do Golfo Pérsico será considerada um ataque aos interesses dos Estados Unidos e terá resposta militar.*
> PRESIDENTE JIMMY CARTER. *Discurso do Estado da União*, 23/01/1980.

O primeiro poço de petróleo registrado no mundo foi descoberto por Edwin Drake, em 1859, no Estado da Pensilvânia, Estados Unidos. Nas quatro décadas seguintes, o petróleo começou a ser explorado, utilizado e exportado pelos norte-americanos como fonte de iluminação. E só se transformou numa fonte de energia importante para o transporte e para a guerra no início do século XX, com o desenvolvimento da indústria automobilística, e com a Primeira Guerra Mundial. Nesse período, e até o final da Segunda Grande Guerra, os Estados Unidos e o Golfo do México foram os principais produtores e fornecedores do petróleo mundial.

Para que se tenha uma ideia da "assimetria energética" que existia na distribuição da nova fonte da energia mundial, basta dizer que dos 7 bilhões de barris/dia utilizados pelas forças aliadas, durante a Segunda Guerra, 6 bilhões foram fornecidos pelos Estados Unidos. Mas no final da guerra, os governos e grandes corporações petrolíferas já tinham identificado o potencial energético do Oriente Médio, e já haviam iniciado sua exploração, ainda que de forma incipiente, no Irã, Iraque e Arábia Saudita. Mas foi em 1945, a caminho da reunião de Yalta, que o presidente americano Franklin D. Roosevelt reuniu-se com o Rei Ibn Saud, da Arábia Saudita, a bordo do navio USS Quinci, e deu os primeiros passos de uma das alianças estratégicas mais importantes dos Estados Unidos, em toda a segunda metade do século XX. A partir daquele momento, a Arábia Saudita também se tornou um dos pontos de convergência mais produtivos do mundo, entre os interesses públicos e privados, comerciais e estratégicos dos Estados Unidos.

Logo depois do fim da guerra, os Estados Unidos apoiaram a criação de Israel em 1948, e transformaram o Estado judeu na segunda grande peça de seu jogo estratégico no Oriente Médio. Por fim, os Estados Unidos orquestraram, junto com a Grã-Bretanha, o golpe de Estado contra o primeiro-ministro nacionalista do Irã, Mohammed Mossadegh, em 1953, e transformaram o país do Xá Reza Pahlavi no terceiro grande pilar de sua tutela geopolítica e militar da região, que passou a ser a principal fornecedora de petróleo do sistema produtivo mundial.

Do ponto de vista estritamente econômico, a "ordem energética" do pós-guerra foi um grande sucesso, garantindo o fornecimento de petróleo abundante e barato para a reconstrução da Europa e para o funcionamento da economia mundial durante todo o período que ficou conhecido como a "época de ouro do capitalismo", entre 1950 e 1975. Apesar disso, por trás da tranquilidade da oferta e dos preços, travou-se uma intensa disputa – durante todo esse período – em torno da repartição das receitas do petróleo, entre os países produtores e as grandes corporações privadas. Os países produtores transformaram essa batalha numa luta nacionalista e anticolonialista que culminou com a criação da Organização dos Países Produtores de Petróleo (Opep), em 1960, com o objetivo de coordenar a política de defesa dos interesses de seus 12 países-membro. Logo em seguida, na "Guerra dos 7 Dias" entre judeus e árabes, em 1966, a Opep tentou utilizar pela primeira vez – mas sem sucesso – seu poder de cartel contra os países apoiadores de Israel. Mas em 1973, na "Guerra do Yom Kippur", a Opep logrou impor um "embargo" bem-sucedido do fornecimento de petróleo aos Estados Unidos, Europa Ocidental e Japão, os principais aliados de Israel nessa guerra iniciada pelo Egito e pela Síria.

Independentemente do resultado da própria guerra, esse embargo provocou a primeira grande subida do preço internacional do petróleo depois da Segunda Guerra. O preço do barril quadruplicou e derrubou o "regime energético" da "era de ouro", baseado no petróleo abundante e barato. Foi nesse momento que as grandes potências consumidoras criaram a "Agência Internacional do Petróleo", com o objetivo de coordenar sua política e estratégia frente ao desafio da Opep e de sua defesa dos interesses dos países produtores. Apesar das precauções tomadas pelas grandes potências, a Revolução Islâmica do Irã e o início da guerra entre Iraque e Irã, no final dos anos de 1970 e início dos anos de 1980, provocaram uma nova duplicação do preço do petróleo, que só foi controlado e compensado com a oferta dos novos poços de petróleo no Alasca e no Mar do Norte, ainda na década de 1980.

A guerra entre o Irã e o Iraque teve um final inconclusivo, mas os Estados Unidos perderam um de seus principais aliados na região, o Irã, que passou a confrontar, de forma crescente, Israel e Estados Unidos, que tiveram que refazer suas alianças regionais, utilizando-se dos novos países e emirados do Golfo Pérsico criados na década de 1970, depois da retirada das últimas tropas britânicas da região. A nova coalizão, entretanto, não conseguiu impedir a invasão do Kuwait pelas tropas do Iraque, e foi obrigada a liderar a Guerra do Golfo, em 1990 e 1991, que recolocou o Oriente Médio e o Golfo Pérsico no epicentro das "angústias energéticas" das potências ocidentais, depois do fim da Guerra Fria.

No início do século XXI, depois dos atentados do 11 de setembro, as guerras do Afeganistão, em 2001, e do Iraque, em 2003, envolveram os Estados Unidos e seus aliados da Otan numa guerra quase contínua que se estende até nossos dias, sendo travada simultaneamente em vários pontos do "Grande Oriente Médio". O projeto americano de "conversão" do mundo árabe à democracia e aos valores ocidentais, anunciado pelo Presidente George W. Bush em 2004, foi um estrondoso fracasso. Mas do ponto de vista estritamente militar, os norte-americanos mantiveram sua presença e controle das principais fontes energéticas da região. Apesar disso, o sucesso da intervenção militar da Rússia na Guerra da Síria, em 2015; o crescimento da influência regional do Irã no Iraque e no Líbano; o afastamento progressivo da Turquia de seus antigos aliados da Otan; e a entrada da China e da Índia no rol dos grandes consumidores mundiais de petróleo, com forte interesse nos poços do Oriente Médio, vêm modificando, de forma radical, o desenho geopolítico e geoeconômico da região – em particular, do Golfo Pérsico. Aliás, é nesse contexto que se deve ler e entender a nova estratégia regional do Governo Trump, que abdica de sua antiga posição arbitral entre os principais interesses e conflitos intrarregionais e assume plenamente sua opção pela Arábia Saudita contra o Irã, e por Israel contra os palestinos e seus apoiadores árabes.

Assim mesmo, aos poucos, vai-se delineando uma nova configuração de forças, em torno de um eixo articulado por Rússia, Turquia e Irã e suas zonas de influência, e um outro eixo, articulado por Estados Unidos, Arábia Saudita e Israel, com suas alianças árabes e apoios europeus. No longo prazo, é bem possível que as lutas internas da região e suas próprias disputas religiosas apontem na direção da consolidação de um sistema estatal regional, por cima das antigas reivindicações do nacionalismo pan-arábico, e por cima das tendências pan-islâmicas de algumas seitas e grupos de poder regionais, como foi o caso mais recente do Estado ou Emirado Islâmico.

No entanto, essa tendência ao fortalecimento de um sistema de soberanias nacionais autônomas e equipotentes no Oriente Médio deverá seguir sendo atropelada e bloqueada por todas as grandes potências do sistema internacional, que seguem considerando que os recursos energéticos da região são um "patrimônio da humanidade", e fazem parte indissociável de seus interesses estratégicos nacionais. Desse ponto de vista, o mais provável é que o futuro do Oriente Médio aponte na direção de uma "guerra de posições" prolongada, com a interferência das grandes potências externas e sua manipulação das divisões milenares, quase telúricas, da velha Mesopotâmia.

Abril de 2018.

# 1.15
# O xadrez chinês do Leste Asiático

> *Europe was the birthplace of modernity. As its tentacles stretched around the globe during the course of the two centuries after 1750, so its ideas, institutions, values, religion, languages, ideologies, customs and armies left a huge and indelible imprint on the rest of the world [...]. However, rather than simply being clones of it, East Asian modernities are highly distinctive, spawning institutions, customs, values and ideologies shaped by their own histories and cultures.*
> MARTIN, J. *When China rules the world*. Nova York: The Penguin Press, 2009, p. 21-22.

Já não cabem dúvidas sobre o papel decisivo da diplomacia chinesa na negociação da pacificação e desnuclearização da península coreana. Se esse processo for bem-sucedido, seu maior beneficiário será também a China, com o afastamento ou diminuição das tropas americanas sediadas na Coreia do Sul, acelerando o processo de plena instalação no Leste e Sudeste asiáticos do "sistema interestatal capitalista" inventado pelos europeus. De fato, os asiáticos não viveram nos séculos XVI e XVII um fenômeno análogo ao dos europeus, e a maioria de seus estados nacionais – com a grande exceção do Japão – só nasceu ou se consolidou depois do fim do colonialismo europeu, já em pleno século XX.

Mas as raízes geopolíticas e culturais de suas três grandes potências regionais – China, Japão e Coreia – são muito anteriores à presença e à influência europeia na Ásia. Mesmo durante os séculos percorridos desde a chegada dos primeiros europeus até sua plena dominação colonial, essas três potências mantiveram sua identidade cultural junto com suas fronteiras territoriais. E o mesmo voltou a acontecer depois que essas três civilizações assumiram a forma e a institucionalidade dos estados nacionais, mantendo suas clivagens e especificidades culturais com relação à chamada civilização ocidental.

Na verdade, suas relações internas e externas de poder só se alteraram efetivamente a partir da segunda metade do século XIX, quando a presença e a dominação colonial europeias passaram a intervir direta ou indiretamente na promoção de novas divisões e conflitos entre os povos asiáticos, que foram incorporados aos grandes impérios coloniais construídos pelas potências ocidentais. Esse passado milenar e a história colonial do último século e meio vêm pesando decisivamente na evolução do quadro geopolítico asiático, na hora em que os novos estados e economias nacionais da região estão redefinindo e acelerando seu processo de integração na nova ordem político-econômica mundial do século XXI.

Resumindo uma larga história de forma extremamente sintética, pode-se dizer que, até a primeira metade do século XIX, a China conseguiu impor, de uma forma ou outra, a supremacia regional de seu "sistema hierárquico-tributário", construída durante a Dinastia Ming (1368-1644), e imposta de forma relativamente pacífica, ao Xogunato Ashikaga, no Japão (1336-1573), e à dinastia Yi na Coreia (1392-1897) – mesmo que (é importante sublinhar) estas duas dinastias (a japonesa e a coreana) tenham conseguido manter sua autonomia econômica e cultural, apesar de sua submissão pacífica à hegemonia regional chinesa.

A hierarquização secular e relativamente estável do Leste e Sudeste asiáticos só veio a ser alterada no século XIX, com a mudança político-econômica que ocorreu no Japão, a partir da derrubada do Xogunato Tokugawa (1603-1869) e da Restauração Meiji (1868-1869), que iniciaram os processos de "modernização conservadora" e de "industrialização tardia" do Japão, responsáveis por sua transformação no primeiro sócio periférico e asiático das grandes potências capitalistas do sistema mundial.

Desta vez, de novo, como já fizera no passado com relação à China, o Japão voltou a copiar a tecnologia econômica e política dos europeus, e acabou introduzindo na Ásia suas práticas imperialistas, com a anexação colonial de Taiwan, Coreia, Manchúria e uma parte da própria China. Também enfrentou e derrotou pela primeira vez uma potência europeia, a Rússia, na guerra de 1904-1905, quando contou com o apoio da Grã-Bretanha, de quem seria aliado logo depois, na Primeira Guerra Mundial. Ao final da Primeira Guerra, o Japão participou das negociações de paz de Paris ao lado das potências vitoriosas, que também discutiram o futuro da China sob a égide da política de "portas abertas" patrocinada pelos Estados Unidos.

O alinhamento do Japão ao "mundo ocidental" durou pouco, porque na década de 1930 os japoneses voltaram a invadir o território de seus vizinhos, que consideravam parte do seu "espaço vital". Lideraram uma frente asiática dos países que se opunham à "prepotência colonial" dos europeus e que eram favoráveis à formação de uma nova ordem econômica regional liderada pelo capitalismo de Estado japonês.

A derrota do Japão na Segunda Guerra Mundial desmontou completamente o projeto japonês de hegemonia regional, mas ao mesmo tempo deixou um vazio de poder que foi imediatamente ocupado pelos Estados Unidos, depois de sua demonstração de força através do bombardeio atômico das cidades de Hiroshima e Nagasaki. Mesmo assim, o início da Guerra Fria (1947), a vitória da revolução comunista na China (1949), da Guerra da Coreia (1950) e do início da Guerra do Vietnã (1954) obrigaram os Estados Unidos a redefinir sua posição frente ao seu inimigo recém-derrotado, apoiando a reconstrução acelerada da economia japonesa e a recolocação do Japão como cabeça de ponte dos interesses estratégicos norte-americanos no Leste e Sudeste asiáticos, ao lado da Coreia do Sul e de Taiwan. Estes países tornaram-se verdadeiros "protetorados militares" dos Estados Unidos com direito a lugar privilegiado na grande expansão da economia capitalista do pós-guerra, liderada pelos norte-americanos e alimentada pela reconstrução da Europa destruída pela guerra.

Mais tarde, as mesmas condições vantajosas do Japão foram oferecidas a Coreia, Taiwan e a todos os países da região chamados na época de "gansos", por seguirem a liderança dinâmica da economia japonesa. Foi nesse contexto geopolítico e militar, agravado pela intensificação dos conflitos locais com as guerrilhas comunistas na Malásia, Filipinas e Tailândia, e com o governo pró-comunista de Sukarno na Indonésia, que os Estados Unidos acabaram ampliando sua presença e envolvimento militar na Ásia, apesar de terem perdido a Guerra da Coreia (1950-1953) e a Guerra do Vietnã (1955-1975).

Isso tudo seria suficiente para explicar a complexidade do jogo geopolítico asiático depois do fim da Guerra Fria, e em particular nas primeiras décadas do século XXI. Mas o quebra-cabeças asiático ficou ainda mais complicado depois da inflexão geopolítica dos anos de 1970, que reaproximou os Estados Unidos da China e transformou a economia chinesa dos anos de 1990 e, em particular, do início do século XXI, na grande "sócia" regional e global da economia norte-americana, e na segunda maior economia nacional do mundo. No entanto, o sucesso econômico dessa nova parceria global transformou também a China – cada vez mais – no grande rival e adversário geopolítico e militar dos Estados Unidos, na luta pela supremacia no Leste e Sudeste asiáticos, e no sul do Pacífico.

Hoje, o sistema de estados e economias nacionais da Ásia se assemelha cada vez ao velho modelo europeu de acumulação de poder e de riqueza, que foi a verdadeira origem do nosso sistema internacional e capitalista. A Ásia é a zona de maior dinamismo econômico do mundo, e é no Leste Asiático que está em curso a luta mais intensa e explícita por uma hegemonia regional, envolvendo China, Japão e Coreia, mas também Rússia e Estados Unidos, em uma competição que deverá ser o embrião da luta pelo poder global da segunda metade do século XXI.

Maio de 2018.

## 1.16
## Estratégia e preço da moeda e da energia

> *A economia, como é ensinada e entendida, está sempre um passo atrás da realidade, exceto nas faculdades de Administração de Empresa.*
> GALBRAITH, J.K. *A economia das fraudes inocentes.* São Paulo: Companhia das Letras, 2004, p. 29.

Através da história, os impérios clássicos e todos os grandes estados nacionais lutaram para conquistar e monopolizar "posições estratégicas" que garantissem suas fronteiras e sustentassem sua expansão internacional. Isto aconteceu com Roma, Pérsia ou China, mas também com Portugal, Espanha ou Holanda. E foi com o mesmo objetivo que a Inglaterra construiu uma rede de ilhas, cabos e portos ao redor do mundo, onde apoiou a expansão secular do seu poder naval e do seu império, entre os séculos XVIII e XX. Da mesma forma que os Estados Unidos planejaram e construíram, no século XX, a "teia estratégica" em que instalaram as mais de 700 bases militares nas quais se sustenta hoje seu poder global. A luta, conquista e preservação desses territórios obedeceu sempre a uma lógica e um cálculo militar, mas nunca teve nem cumpriu objetivos exclusivamente militares. Pelo contrário, muitas vezes foi a conquista e construção desta infraestrutura logística que abriu e assegurou o caminho de expansão e da internacionalização econômica desses países, garantindo, ao mesmo tempo, o acesso e o controle monopólico de alguns recursos estratégicos por seus grandes grupos econômicos privados e nacionais.

Nessa trajetória comum e expansiva do poder e do capital, o controle da moeda e da energia sempre foi absolutamente decisivo e indispensável para o funcionamento da "máquina da guerra" desses estados e, simultaneamente, da "máquina econômica" de seus capitalismos nacionais. É por isso que se pode afirmar que a "moeda" e a "energia" são recursos que têm "valor estratégico": são cruciais para a defesa e a expansão dos estados, mas também funcionam como instrumento de poder das potências vitoriosas, que as utilizam para impor sua vontade política no sistema mundial. O valor desses "bens estratégicos", portanto, transcende seu preço de mercado, e está sempre "sobredeterminado" por sua importância para a luta pelo controle e monopólio desses mesmos bens e recursos. Isto acontece com a moeda e com o petróleo, mas também com todo e qualquer outro produto ou serviço que tenha ou adquira em algum momento a mesma importância para as grandes potências e corporações internacionais.

Não é difícil de entender este argumento, basta olhar para o que está acontecendo – no mundo da guerra e dos "mercados estratégicos" – no momento em que as decisões político-estratégicas dos Estados Unidos e de alguns de seus principais aliados estão provocando variações no valor do dólar e no preço do petróleo que devem atingir países e mercados ao redor do mundo. A explicação detalhada dessas mudanças não é simples nem linear, mas neste caso não há dúvida de que o controle político – direto ou indireto – da moeda, do crédito e do preço do petróleo está sendo utilizado pelos Estados Unidos para impor sua vontade nos vários tabuleiros geopolíticos do mundo, onde há países que resistem ao seu poder imperial.

É preciso ter claro, no entanto, que esse fenômeno não é novo nem original: foi a mesma coisa que aconteceu depois da Segunda Guerra Mundial, com a criação e o abandono do Sistema de Bretton Woods, com a regulação dos mercados financeiros, por parte dos Estados Unidos, e com a simultânea criação e destruição da matriz energética barata em que se sustentou a reconstrução da economia mundial entre 1945 e 1973. E o mesmo voltou a acontecer com a subida da taxa de juros norte-americana e do preço do petróleo, em 1978 e 1979, seguida por uma nova baixa do petróleo, que foi induzida pelos Estados Unidos e a Arábia Saudita, e que contribuiu decisivamente para a implosão da URSS na segunda metade da década de 1980, para ficarmos apenas com alguns exemplos significativos.

É lógico que essa prática não foi inventada nem é exclusiva dos Estados Unidos ou dos países anglo-saxões; que deverá ocorrer o mesmo com todo e qualquer Estado expansivo que participe da luta pelo poder e riqueza internacionais, e que passe a controlar posições e recursos estratégicos, utilizando-os para bloquear o acesso de seus concorrentes a essas mesmas posições e recursos. E o mesmo acontece com as grandes corporações multinacionais, que se apoiam no poder de seus estados para se expandir e conquistar vantagens monopólicas, que calculam sua expansão e seus investimentos com base na mesma lógica de conquista e dominação exclusiva de territórios e de mercados, muito mais do que de busca do lucro imediato. Neste sentido se pode afirmar – radicalizando o argumento – que para as grandes potências e corporações multinacionais, privadas ou públicas, a conquista de posições e recursos estratégicos não tem um preço de mercado, porque seu valor está permanentemente "sobredeterminado" por sua importância e "utilidade" na luta entre essas organizações, pelo poder e pela riqueza internacionais.

Se o sistema interestatal capitalista funciona assim, como se mantêm ainda viva a utopia e a ladainha liberal da "reforma" e "despolitização" dos mercados, quando pelo menos dois de seus principais "insumos" (a moeda e a energia) possuem preços que obedecem à lógica do poder, ou mesmo da guerra, e não apenas à lógica do mercado? Um problema que fica ainda complexo quando se sabe que a "lista" dos bens estratégicos não se restringe à moeda e à energia, e pode variar por meio do tempo e do espaço, em função dos objetivos estratégicos dos estados e grandes corporações envolvidas na luta permanente pelas posições e recursos estratégicos de todo o mundo.

Janeiro de 2015.

# 1.17
# O papel do petróleo e do gás na estratégia da Rússia

> A emergência da Rússia como uma superpotência energética terá impactos de longo prazo sobre os Estados Unidos e sobre a diplomacia mundial, se não fosse por nenhuma outra razão, pelo simples fato de que nossos aliados europeus vão começar a pensar duas vezes antes de dizer "não" à Rússia.
> GOLDMAN, M. *Petrostate*: Putin, Power, and the New Russia. Nova York: Oxford University Press, 2008, p. 7.

Há consenso hoje, entre os analistas, de que a economia soviética viveu uma crise grave nos anos de 1980, mas não estava à beira do colapso, nem estava condenada a seguir o caminho que seguiu na última década do século XX. Apesar disso, segue existindo uma grande controvérsia com relação ao motivo que teria levado o Estado soviético a optar – naquele momento – por sua autodestruição. Alguns historiadores sublinham a importância de antigas divergências e lutas internas do Partido Comunista e da burocracia soviética, mas outros culpam a ofensiva militar e as sanções econômicas do Governo Reagan, que teriam atingido em cheio a produção e exportação de petróleo e do gás, os principais responsáveis pelo financiamento externo da economia russa.

Seja como tenha sido, no dia 25 de dezembro de 1991, a URSS autodissolveu-se, e uma parte dela veio a constituir a atual Federação Russa, que foi governada, até o dia 31 de dezembro de 1999, pelo Presidente Boris Yeltsin. Durante essa década, Boris Yeltsin adotou o novo ideário neoliberal, que era hegemônico no mundo capitalista desde a década de 1980, decidiu mudar a política externa da Rússia, aproximando-se das potências ocidentais, e abandonou qualquer pretensão russa à condição de "grande potência", permitindo a desorganização de suas Forças Armadas e o rápido sucateamento do seu arsenal atômico. Por outro lado, do ponto de vista econômico, liderou uma das experiências mais radicais de aplicação das "terapias de choque" neoliberais, concebidas no final do século XX, para transformar – de forma rápida – economias de planejamento central ou desenvolvimentistas, em economias de mercado, abertas e desreguladas.

Com esse objetivo, no próprio ano de 1991 e antes mesmo do fim da URSS, Yeltsin encomendou a seu vice-primeiro-ministro, Yegor Gaidar, a elaboração de um plano de transição econômica que foi formulado em conjunto com vários economistas e banqueiros estrangeiros que já haviam participado da experiência pioneira de liberalização da Polônia. A "terapia de choque" desenhada por esse grupo e implementada pelo Governo Yeltsin propunha quatro "reformas" fundamentais: a da privatização do setor público; da abertura e desregulação dos mercados; da liberação dos preços; e da política de controle fiscal e monetário. Os resultados econômicos dessa experiência terapêutica foram rápidos e desastrosos, e suas consequências sociais foram profundas e catastróficas.

Para que se tenha uma ideia do que aconteceu, em 1994 já haviam sido privatizadas cerca de 70% de todas as empresas estatais russas, incluindo a "joia da coroa", o setor produtor de petróleo e gás, que foi desmembrado e privatizado a partir de 1992. Atendendo aos objetivos do plano de Gaidar, o setor privado da economia russa cresceu de 10% em 1990, para 70% do PIB em 1998, enquanto se realizavam a liberação dos preços e a abertura e desregulação dos mercados, quase instantânea. Como resultado dessa "destruição liberal", o crescimento do PIB foi negativo durante toda a década, com exceção de 1997; o investimento total da economia caiu 81%; a produção agrícola despencou 45%; e o PIB russo caiu mais do que 50%, com relação ao seu nível de 1990. Paralelamente, a liberalização dos preços e a abertura abrupta da economia provocaram uma quebra generalizada da indústria russa, e um verdadeiro "choque" de empobrecimento e desemprego entre seus assalariados: o salário real da população caiu 58%, o número de pobres cresceu de 2% para 39% e, finalmente, o coeficiente de Gini, que era de 0,2333 em 1990, passou para 0,401, em 1999.

Por conta desses resultados, muitos analistas se referem a essa experiência russa da década de 1990 como um caso paradigmático de "capitalismo selvagem", que chegou ao seu fim de linha com a crise financeira de 1998, quando ocorreu a gigantesca fuga de capitais privados que explica, em grande medida, a inflexão estratégica iniciada no ano de 2000 pelo governo eleito de Vladimir Putin.

De forma quase simétrica e inversa, a administração Putin respondeu ao caos provocado pela crise financeira de 2008 com uma estratégia de recentralização do poder do Estado, de reorganização e modernização das Forças Armadas, e de reversão da política liberal do período anterior. Logo no início de seu primeiro mandato, Vladimir Putin redefiniu a política econômica e a política externa russas, colocando-as a serviço da reconstrução industrial do país e da retomada de sua condição tradicional de "grande potência". E uma vez mais, construiu sua nova estratégia a partir da reorganização do setor energético, com a renacionalização de uma parcela significativa de sua produção e distribuição do petróleo e do gás.

A estatização da empresa petroleira Yukos, em 1993, foi o pontapé inicial da remontagem do setor produtivo estatal e de sua liderança na economia russa, por meio de suas grandes empresas de produção, transporte/distribuição e exportação de gás e petróleo: Gazprom, Rosneft, Transneft e Gazpromexport. A partir de então, com a ajuda dos preços internacionais do petróleo e do gás, a economia russa se recolocou de pé e passou a crescer a uma taxa média anual de 7%, entre os anos de 2000 a 2010, e depois disso seguiu crescendo, ainda que com taxas menores, até o início dos conflitos da Ucrânia e da Crimeia, em 2014.

A partir daí a economia russa entrou em recessão, sob o impacto das sanções econômicas impostas pelos Estados Unidos e seus aliados europeus, e graças à queda dos preços internacionais do petróleo, que foram de U$ 130 por barril até a crise de 2008, para cerca de U$ 30 no ano de 2016. Assim mesmo, nos anos de sucesso, os governos de Vladimir Putin e de Dmitri Medvedev lograram transformar o petróleo e o gás nos dois principais instrumentos de projeção do poder da Rússia na Europa e na Ásia. Aproveitaram-se, em grande medida, da dependência energética da Europa Ocidental, que consome cerca de dois terços de todo o gás exportado pela Rússia, e que deverá estar importando, em 2030, cerca 80% do seu gás e 93% do seu consumo de petróleo, a maior parte fornecido pela Rússia, segundo projeções da própria União Europeia. Foi assim que, em poucos anos, a Rússia conseguiu reconquistar sua condição de grande potência europeia e vem reestruturando paulatinamente sua velha "zona de influência" na Ásia Central, em algumas áreas da Europa do Leste e no Oriente Médio, transformando-se, ao mesmo tempo, numa "ponte energética" indispensável entre a velha Europa e o "novo mundo" asiático.

As novas sanções econômicas impostas à Rússia pelas "potências atlânticas", a partir de 2014, devem provocar problemas e mudanças de médio e longo prazos na economia russa, mas não é provável que venham a ter os mesmos efeitos que tiveram nos anos de 1980. Hoje a economia russa também é uma economia capitalista de mercado, e está cada vez mais integrada e "protegida" pelo dinamismo da economia chinesa. Além disso, como já vimos, conta com a dependência crescente dos próprios europeus, com relação ao seu fornecimento energético. Nesse sentido, a maior incógnita com relação ao futuro da Rússia esteja em outro lado: na incerteza com relação à possibilidade de sucesso – no longo prazo – de uma estratégia econômica que se proponha a construir uma liderança econômica e tecnológica liderada por setores de alto valor agregado a partir da exportação – sobretudo – de recursos energéticos[14].

De qualquer maneira, a experiência russa das últimas décadas deixa duas lições que deverão ter impacto importante no desenvolvimento da conjuntura internacional: uma, sobre a eficácia dos "choques liberais" em países de grandes dimensões; e a outra, sobre a melhor forma de utilizar os recursos naturais como instrumento de projeção do poder econômico e político de um país que detém grandes reservas de petróleo e gás, como é o caso da Rússia:

i) Com relação ao uso das "terapias de choque" neoliberais, em países extensos e populosos, com grande desigualdade social e territorial, a experiência russa ensina que eles são altamente ineficientes do ponto de vista econômico, e absolutamente desastrosos do ponto de vista social. Por isso mesmo, tendem a provocar reações ou respostas nacionalistas e protecionistas mais ou menos imediatas, como ocorreu na Rússia, mas também na Índia e na Polônia; e como deverá ocorrer no Brasil, muito mais cedo do que tarde.

ii) Com relação à reorganização estratégica do setor do petróleo e do gás ocorrida na Rússia durante os governos Putin e Medvedev, ela não envolveu a estatização total do setor nem muito menos a exclusão do capital estrangeiro. O que ela fez foi submeter o capital privado nacional e estrangeiro à direção da "grande estratégia" do Estado russo, operada sobretudo por suas empresas Gazprom, Rosnef, Transneft e Gazpromexport. Ou seja, o fundamental é que todas as mudanças que foram feitas, e todos os atores envolvidos passaram a obedecer – de uma forma ou outra – ao mesmo objetivo estratégico de reestruturação e fortalecimento da economia da Rússia, e de sua projeção geopolítica e geoeconômica do poder internacional.

Setembro de 2017.

---

14. "Recent studies demonstrating that minerals resources do not inevitable produce negatives outcomes offer important examples of successful development when mineral resources become a high-technology knowledge industry" (BALZER, H. "The Putin Thesis and Russian Energy Policy". In: *Post-Soviet Affairs*, 2005, p. 210-225.

# 1.18
# A nova "ordem mundial" do petróleo

> Muito do que ocorre com o petróleo desde o final da década de 1990 é resultado de decisões que, quaisquer que sejam, são tomadas por governos. E, de modo geral, as empresas nacionais de petróleo de propriedade dos governos assumiram um papel proeminente na indústria de petróleo mundial.
> YERGIN, D. *O petróleo, uma história mundial de conquistas, poder e dinheiro*. Rio de Janeiro: Paz e Terra, 2009, p. 895.

Nas duas últimas décadas do século XX passado, a Guerra Irã-Iraque, entre 1980 e 1988, a Guerra do Golfo, entre 1990 e 1991, e o fim da URSS, em 1991, atingiram em cheio alguns dos maiores produtores e exportadores mundiais de petróleo, dividindo e enfraquecendo a Opep, e destruindo a capacidade de produção russa. Foi um período de anarquia no mercado mundial de petróleo, quando as grandes corporações petroleiras privadas promoveram uma grande desconcentração e "desverticalização" de seu capital e suas estratégias, enquanto o petróleo era transformado num "ativo financeiro" cujo preço era renegociado diariamente nas bolsas de Nova York e Londres. Mas no final dos anos de 1990 e início do século XXI, essa tendência foi revertida de forma abrupta e radical, começando, surpreendentemente, pelas próprias petroleiras privadas anglo-americanas. Estas comandaram, a partir de 1998, uma nova revolução na indústria privada do petróleo, envolvendo-se num processo gigantesco de fusões de empresas que já eram as maiores do mundo, e que deram origem às atuais Exxon-Mobil, Conoco Phillips, Chevron, BP e Total.

Esse terremoto se alastrou logo em seguida, assumindo novas formas com a reestatização, reorganização ou fusão entre as "gigantes energéticas" russas, chinesas e indianas, ao lado das que já estavam no mercado, mas alargaram suas ambições na Arábia Saudita e em todo o Golfo Pérsico, como na Venezuela, Nigéria, México, Argélia e Angola, e também no Brasil, sobretudo depois da descoberta do petróleo em águas profundas, em 2006. Uma transformação tão grande que levou o renomado especialista em petróleo norte-americano, Michael Klare, a dizer que o mundo havia entrado numa "nova ordem energética internacional", caracterizada pela hiperconcentração do capital petroleiro privado, pela multiplicação das grandes petroleiras estatais e crescente hegemonia do nacionalismo econômico e do "nacionalismo energético" entre as grandes potências do sistema mundial, mesmo entre as chamadas "potências liberais", como é o caso dos Estados Unidos de Donald Trump.

De fato, 20 anos depois do início dessa transformação, cerca de dois terços das reservas de petróleo do mundo se concentram no território de 15 países, dos quais em 13 são de propriedade estatal; das 20 maiores empresas petroleiras do mundo, 15 são estatais e controlam 80% das reservas mundiais. As outras cinco são privadas – três anglo-americanas, uma holandesa e uma francesa – e controlam menos de 15% da oferta mundial do petróleo. Por isso, tem toda razão Daniel Yergin – outro grande especialista americano – quando diz que nos dias de hoje as principais decisões relativas ao petróleo – da definição dos preços ao traçado das grandes estratégias – são tomadas pelos estados nacionais e suas grandes empresas públicas. Cabe sublinhar, além disso, que 50% do crescimento da demanda mundial de petróleo, nos próximos 30 anos, se deverá à China e à Índia, cujas estratégias nacionais de energia são comandadas pelo Estado e por suas empresas públicas.

É muito difícil identificar uma causa única que explique esta revolução na ordem mundial do petróleo. Mas é possível identificar turbulências que ocorreram simultaneamente, em dois planos fundamentais. No plano econômico, o enorme crescimento dos países asiáticos e, em particular, da China e da Índia, que produziu um verdadeiro "choque de demanda" sobre o mercado mundial de petróleo. E pelo lado da oferta, a grande expansão, no início do século XXI, da produção norte-americana do petróleo de xisto e *dop shale gas*, que recolocou os Estados Unidos na liderança do negócio mundial de energia. Por outro lado, no plano geopolítico, a guerra quase contínua no Oriente Médio, que já se prolonga desde 2001, provocou um verdadeiro "choque de expectativas" negativas no mercado mundial, com a perspectiva de uma guerra permanente envolvendo as grandes potências e quase todos os países de dentro e fora daquela região com grandes reservas de petróleo.

Por fim, como consequência dos dois fatores anteriores, houve a verdadeira "corrida" das grandes potências para conquistar e monopolizar os novos recursos descobertos nesse período, em qualquer lugar do mundo, mas sobretudo no Canadá, Venezuela e Brasil, e em alguns pontos da África. Assim mesmo, num plano mais geral e de longo prazo, pode-se afirmar também que essa nova ordem do petróleo é um produto direto e necessário da gigantesca expansão do sistema interestatal capitalista, que ocorreu de forma concentrada nas últimas décadas. Não se trata apenas da China e da Índia; trata-se de um sistema com 200 estados nacionais que disputam um recurso absolutamente escasso, concentrado e essencial para sua sobrevivência como sociedades e economias nacionais, mas também como unidades territoriais soberanas que participam de uma luta sem quartel pelo poder e pela riqueza mundiais. Uma luta, aliás, que deve se intensificar e aprofundar nas próximas décadas, sem deixar lugar para neutralidades.

Nesse contexto geopolítico, e nessa nova ordem mundial do petróleo, só uma elite inteiramente corrompida e rebaixada, do ponto de vista moral, e completamente imbecilizada, do ponto de vista intelectual, pode abrir mão do controle estatal de seus recursos energéticos nacionais já conquistados.

Julho de 2018.

## 1.19
# As guerras do século XXI

> *Por analogia, muitos analistas falam de uma nova Guerra Fria, ou de uma Terceira Guerra Mundial, quando se referem a este estado de guerra contínua do século XXI. Mas o importante é entender que o fenômeno da guerra adquiriu de fato um novo significado e uma nova duração dentro do sistema internacional, e dentro da estratégia de segurança dos Estados Unidos.*
> FIORI, J.L. Ética cultural e guerra infinita. In: FIORI, J.L. *Sobre a guerra*. Petrópolis: Vozes, 2018, p. 403.

Todas as evidências arqueológicas e históricas indicam que a guerra, como forma organizada e violenta de solução dos conflitos entre os povos, acompanha o *Homo sapiens* desde as primeiras civilizações e impérios, e não há nenhuma prova consistente de que ela tenha diminuído em quantidade, violência, ou letalidade, por meio dos séculos. Pelo contrário, os números indicam que sua intensidade e frequência se mantiveram constantes, e parece ter aumentado significativamente depois do surgimento do sistema interestatal europeu em torno dos séculos XV e XVI da era comum.

Esse fenômeno adquiriu ainda maior intensidade depois que a guerra se transformou numa das peças centrais da acumulação da riqueza capitalista, dentro do sistema interestatal, e em cada um dos seus estados e economias nacionais. Em particular, no caso das grandes potências que lideraram esse sistema de poder europeu até sua completa universalização, no final do século XX. Desse ponto de vista, por mais lamentável que seja, deve-se prever, de forma realista, que as guerras seguirão existindo no século XXI. É possível, no entanto, que os estados mais poderosos se utilizem com mais frequência de instrumentos de guerra econômica, cada vez mais sofisticada, precisa e destruidora, antes de lançar mão dos instrumentos clássicos da guerra convencional. Onde se fizer inevitável, entretanto, deverá ser feito uso de exércitos e de armamentos cada vez mais robotizados, hipersônicos, quânticos e espaciais. Mas com certeza, no século XXI, todas as guerras deverão ser multidimensionais e multiespaciais.

Muitos analistas falam de uma nova Guerra Fria, ou de uma Terceira Guerra Mundial, mas existem diferenças significativas entre o que passou no século XX e o que se anuncia para o século XXI. Nesse sentido, deve se destacar o fato – neste novo século – de que os Estados Unidos abandonaram sua política do pós-Primeira Guerra Mundial de apoio e promoção ativa de valores, regras e instituições de governança multilateral, adotando agora como bússola de sua política externa o modelo westfaliano de solução dos conflitos internacionais por meio da competição e do uso agressivo do poder econômico junto com a permanente ameaça militar. Por outro lado, na nova configuração geopolítica do mundo, ao contrário do período da Guerra Fria, os Estados Unidos e a China possuem profunda interdependência econômica, e a Rússia dispõe de uma capacidade tecnológica de resposta a eventuais ataques externos. Por último, estas três grandes potências que lideram a dinâmica expansiva do sistema mundial na segunda década do século XXI – e talvez também a Índia – estão envolvidas numa luta sem quartel, mas orientadas pela mesma bússola comum do seu interesse nacional e nacionalismo econômico.

Aliás, é a mesma bússola usada por todos os estados nacionais que algum dia se propuseram a subir na hierarquia do sistema mundial, ou que se viram desafiados e resolveram defender sua supremacia regional ou global. Nesse momento, Rússia e China estão aliadas em torno do objetivo de impedir a supremacia unipolar dos Estados Unidos ao redor do mundo. Depois que se intensificaram, nos últimos anos, as divisões e a luta interna do *establishment* norte-americano, aumentou o poder político e decisório dos militares sobre a política externa dos Estados Unidos. Assim mesmo, não é necessário nem provável que a aliança entre China e Rússia dure para sempre. Pelo contrário, o mais provável é que o caleidoscópio geopolítico e geoeconômico do sistema internacional gire a partir de agora ao redor desse triângulo, ou de um quarteto, com configurações variadas, mas movido por uma mesma competição aberta e sem limites que deve provocar um salto tecnológico e militar jamais vivido pela humanidade.

As "guerras econômicas" são um fenômeno muito antigo, e tiveram papel decisivo na derrota da URSS, nos anos de 80/90 do século XX. Mas também nesse caso o uso de uma expressão milenar esconde o que há de novo na situação atual. Na verdade, a China é hoje o principal concorrente econômico dos Estados Unidos, mas sua disputa não é apenas comercial; é uma disputa pelo controle da "ponta tecnológica", sobretudo onde ela afeta de forma imediata o avanço militar, no campo da inteligência artificial, da computação quântica e da comunicação. Essa competição não se dá no campo do comércio, mas no dos grandes acordos de investimento e na montagem das cadeias produtivas envolvendo empresas de alta tecnologia e de múltipla nacionalidade. Ocorre também no campo estrito da espionagem industrial, tecnológica e militar, e na guerra cada vez mais intensa que vem sendo travada pelo controle das redes de informação.

A disputa mais visível pelas tarifas e pelo acesso aos mercados nacionais da China e dos Estados Unidos pode diminuir de intensidade por meio de acordos passageiros, mas não existe a menor perspectiva de que os dois países e outros mais envolvidos nessa "guerra tecnológica" possam chegar a algum tipo de acordo definitivo. As tréguas passageiras não eliminam a competição que está em pleno curso, e aqui reside talvez o maior perigo de um conflito armado entre a China e os Estados Unidos, caso estes – que ainda estão na frente – decidam em algum momento cortar o caminho dos chineses provocando um enfrentamento antes de serem ultrapassados pela China, o que deverá acontecer em alguns campos cruciais, num período máximo de 10 a 15 anos.

Por outro lado, na relação entre Rússia e Estados Unidos, a competição econômica tem um papel importante, mas não é o foco central da disputa, que segue sendo bélica e territorial. Hans Morgenthau, pai da teoria política realista americana, escreveu, logo depois da Segunda Guerra Mundial, que a principal causa das guerras era a vontade de revanche das potências derrotadas e decididas a recuperar sua posição ou território perdido na guerra. Depois de 1991, a Rússia perdeu cerca de cinco milhões de quilômetros quadrados do seu território, e cerca de 150 milhões de habitantes. Esta talvez seja uma das causas que explicam a rapidez com que os russos se recuperaram de sua derrota na Guerra Fria, refizeram sua infraestrutura militar e atômica, recuperaram seu lugar como megapotência energética e voltaram a ser uma grande potência militar dentro do sistema mundial em apenas 15 anos.

Além do mais, a Rússia já ultrapassou os Estados Unidos no campo da disputa hipersônica, e por isso é a única potência do mundo capaz responder a um ataque militar dos Estados Unidos ou da Otan em poucos minutos e de forma arrasadora. Sua fragilidade, entretanto, reside na sua economia, que não seria capaz de sustentar uma guerra prolongada contra os norte-americanos. O mais provável é que a Rússia acabe alavancando seu desenvolvimento econômico a partir de seu próprio potencial energético e de sua luta para manter a vantagem tecnológica alcançada em alguns campos de sua defesa militar. A Rússia compartilha com a China várias iniciativas econômicas e geopolíticas, e não é provável que os Estados Unidos consigam repetir a mesma estratégia que utilizaram nos anos de 1970/1980, de divisão dos dois grandes gigantes eurasiáticos.

Assim, é cada vez mais difícil imaginar uma guerra aberta e frontal clássica entre os grandes gigantes que deverão comandar a geopolítica do século XXI. Ao mesmo tempo, é muito difícil de imaginar que eles consigam estabelecer entre si um *modus vivendi* pacífico, através de negociação que envolva uma definição clara e estável de três ou quatro grandes "zonas de influência" globais. Não seria compatível com as regras históricas de formação e funcionamento do sistema interestatal capitalista. Pelo contrário, o mais provável é a generalização de um novo tipo de guerra constante, regular, ilimitado, que vários especialistas vêm chamando de "guerras de quarta geração" ou "guerras híbridas": um tipo de guerra que não envolve necessariamente bombardeios, nem o uso explícito da força, porque seu objetivo principal é a destruição da vontade política do adversário através do colapso físico e moral do seu Estado, da sua sociedade e de qualquer grupo humano que se queira destruir. Um tipo de guerra no qual se usa a informação mais do que a força, o cerco e as sanções mais do que o ataque direto, a desmobilização mais do que as armas, a desmoralização mais do que a tortura.

Essa estratégia já foi utilizada, de alguma forma, contra a URSS nos anos de 1980, mas não há dúvida de que esse conceito e estratégia foram sendo aperfeiçoados nas últimas décadas, como forma de ataque e fragilização por dentro dos países adversários, sobretudo quando o objetivo é a mudança de governos e regimes considerados indesejáveis. Como aconteceu depois com as "revoluções de veludo" da Europa Central, nos anos de 1990; com as "primaveras árabes", no Oriente Médio, a partir de 2010; e logo em seguida na América Latina, de forma particular e bem-sucedida, no Brasil, a partir de 2003.

Janeiro de 2019.

# 2
# Brasil e América Latina

# 2.1
# O caos ideológico

GOLDMAN, A. "O PSDB não tem um projeto de país". *Folha de S. Paulo*, 27/05/2015.

PAIM, P. "O governo está sem rumo e está levando o PT junto". *www.brasil247*, 27/05/2015.

Em meio à crise política e à retração econômica brasileira, o jantar da Câmara de Comércio Brasil-Estados Unidos no dia 12 de maio, no Waldorf Astoria de Nova York, reunindo banqueiros, empresários e políticos da alta cúpula do PSDB em torno da pessoa dos ex-presidentes Bill Clinton e Fernando H. Cardoso, foi um clarão no meio da confusão ideológica dominante. Em termos estritamente antropológicos, representou uma espécie de pajelança tribal de reafirmação de velhas convicções e alianças que estiveram na origem do próprio partido social-democrata brasileiro. Mas do ponto de vista mais amplo, pode-se transformar em uma baliza de referência para a clarificação e remontagem do mapa político brasileiro.

Esse grupo, liderado pelo ex-Presidente FHC, foi o único que esteve presente e ocupou lugar de destaque nas reuniões formais e informais que cercaram a posse de Bill Clinton, em 1993, em Washington. Naquele momento, foi sacramentada a aliança do PSDB com a facção democrata e o governo liderada pela Família Clinton. Uma aliança que se manteve durante os dois mandatos de Clinton e FHC, assegurando o apoio do Brasil à criação da Alca e garantindo a ajuda financeira americana que salvou o Governo FHC da falência. Os dois grupos estiveram juntos na formulação e sustentação das reformas e políticas do Consenso de Washington; voltaram a se encontrar nas reuniões da "Terceira Via", criada por Tony Blair e Bill Clinton em 2008; e se reencontram agora, na véspera da candidatura presidencial de Hillary Clinton.

Durante todo esse tempo, os social-democratas brasileiros mantiveram sua defesa incondicional do alinhamento estratégico do Brasil ao lado dos Estados Unidos, dentro e fora da América Latina, com sua opção irrestrita pelo livre-comércio e pela abertura dos mercados locais, pela redução do papel do Estado na economia, pela defesa da centralidade do capital privado no comando do desenvolvimento brasileiro e, finalmente, pela aplicação irrestrita das políticas econômicas ortodoxas. Essas posições orientaram a política interna e a estratégia internacional dos dois governos do PSDB na década de 1990, e seguem orientando a posição atual do PSDB, favorável à reabertura de negociações para criação da Alca; à mudança do regime de exploração do "pré-sal"; e ao fim da exigência de conteúdo nacional nos mercados de serviços e insumos básicos da Petrobras e das grandes construtoras brasileiras.

Isto pode não ser "um projeto de país", mas com certeza é um programa de governo rigorosamente liberal, que só coincide de forma circunstancial e oportunista com as teses neoconservadoras defendidas hoje, no Brasil, por movimentos religiosos de forte conteúdo fundamentalista. A novidade desses movimentos no cenário político brasileiro atual surpreende o observador, mas suas teses sobre família, sexo, religião etc. não são originais e sua liderança carece da capacidade de formular e propor um projeto hegemônico para a sociedade brasileira. O mesmo pode ser dito com relação ao poder real das recentes mobilizações de rua e de redes sociais, que fazem muito barulho mas também não conseguem dar uma formulação intelectual e ideológica consistente a suas próprias iras e reivindicações.

Deste ponto de vista, parece necessário reconhecer que a origem da grande confusão ideológica do país são as próprias forças progressistas e o governo que acabou de ser eleito por uma coalisão de centro-esquerda. Não é fácil identificar o denominador comum que une todas essas forças, mas não há dúvida de que seu projeto econômico aponta muito mais para o ideal de um "capitalismo organizado" sob liderança estatal, do que para o modelo anglo-saxônico do "capitalismo desregulado"; mais para uma política agressiva de redistribuição de renda e prestação gratuita de serviços universais, do que para uma política social de tipo seletiva e assistencialista; e finalmente, para uma estratégia internacional de liderança ativa dentro da América Latina e de uma aliança multipolar com as potências emergentes, sem descartar as velhas potências do sistema, muito mais do que para um alinhamento focado em algum país ou bloco ideológico de países.

Se assim é, como explicar à opinião pública mais ou menos ilustrada que um governo progressista desse tipo coloque no comando de sua política econômica um tecnocrata que não tem apenas convicções e competências ortodoxas, mas que é também um ideólogo neoliberal que defende abertamente, em todos os foros, uma estratégia de desenvolvimento de longo prazo para o país absolutamente idêntica à que é defendida pelo grupo que participou do jantar no Waldorf Astoria no dia 12 de maio? E como entender um ministro da Energia que defende, em reuniões internacionais, o fim das políticas de "conteúdo local" e do "regime de partilha" do pré-sal, que são uma marca dos últimos 13 anos de governo, e uma diferença fundamental em relação à posição defendida pelos mesmos comensais de Nova York?

Por fim, para levar a confusão até o limite do caos, como explicar que o ministro de Assuntos Estratégicos desse mesmo governo proponha abertamente, pela imprensa, como se fosse apenas um acadêmico de férias, que se faça uma revisão completa da política externa brasileira da última década, com a suspensão do Mercosul que foi criado e é liderado pelo Brasil, e com a mudança do foco e das prioridades estratégicas do país, que deveria agora alinhar-se com os Estados Unidos para enfrentar a ameaça da "ascensão econômica e militar chinesa". Tudo isso dito de forma absolutamente tranquila, exatamente uma semana antes da visita oficial do primeiro-ministro chinês ao Brasil, que já havia sido anunciada junto com um pacote de projetos e recursos para levar à frente uma estratégia de longo prazo que passa – entre outras coisas – pela construção de uma ferrovia transoceânica capaz de dar ao Brasil, finalmente, acesso direto ao Oceano Pacífico, com repercussões óbvias no campo da geopolítica e geoeconomia continental. Além disso, esse "grande estratego" do governo fez sua proposta um mês antes da reunião do Brics, na Rússia, quando será criado o banco de investimento conjunto do grupo, sob a óbvia liderança econômica da China. Uma trapalhada pior do que esta, só se fosse proposta também a internacionalização da Amazônia.

Talvez por isso tantos humanistas sonhem hoje com o aparecimento de uma nova utopia de longo prazo, como as que moveram os revolucionários e os grandes reformadores dos séculos XIX e XX. Mas o mais provável é que essas utopias não voltem mais, e que o futuro tenha que ser construído a partir do que está aí, a partir da sociedade e das ideias que existem, com imaginação, criatividade, e uma imensa paixão pelo futuro do país.

Maio de 2015.

## 2.2
# Ciclos e crises brasileiras

> *Estamos, uma vez mais, nos defrontando com uma conjuntura de crise e um horizonte de incertezas, cujo equacionamento passará por uma luta política na qual estão em jogo as próprias regras de valorização do capital vigentes ao longo de todo o período "desenvolvimentista". Essas regras são basicamente políticas e, por isso, só encontrarão espaço para sua reorganização através de uma luta intensa e prolongada, em que cada interesse deverá valer-se por si mesmo. Luta em que cada grupo de interesse contará também com a fatia de que dispõe no interior do Estado enquanto seu principal recurso de poder. Em síntese, estamos vivendo nesta crise brasileira um momento de reorganização das relações políticas e econômicas de dominação, o que só é, de fato, possível através de uma transformação do próprio Estado numa direção que pode ou não apontar no rumo do aprofundamento da democracia.*
> FIORI, J.L. *O voo da coruja e a crise do Estado desenvolvimentista* (1984). Rio de Janeiro: Eduerj, 1995, p. 117.

É difícil, mas muitas vezes é necessário recuar no tempo para analisar melhor e compreender conjunturas de crises. Elas não caem do céu, nem são obra do acaso, e sua trajetória não é inteiramente imprevisível. Por isso parece-nos útil, neste momento, voltar a um debate que ficou interrompido nos anos de 1980, sobre a instabilidade e as crises periódicas do "desenvolvimentismo brasileiro", porque tudo indica que ele não morreu e que o país está enfrentando as consequências políticas provocadas pelo esgotamento de um ciclo que se repetiu várias vezes, por meio do século XX, em particular depois de 1930. Para não dizer o mesmo, recorro a um diagnóstico escrito em plena crise dos anos de 1980, sobre a própria crise, seus antecedentes e suas recorrências:

> O desenvolvimentismo brasileiro enfrentou durante toda sua história um problema crônico de financiamento externo e interno, que se

transformou num dos principais responsáveis por suas desacelerações e crises econômicas cíclicas, que foram acompanhadas pelo aumento da inflação e pelo estrangulamento fiscal do Estado. A superação dessas crises passou sempre pelo acesso a novos recursos externos, e por um conjunto de reformas fiscais e monetárias de emergência que conseguiram dar conta do financiamento corrente do setor público. Mas durante essas "crises de estabilização" o arrocho salarial e os cortes de gastos penalizaram fortemente os assalariados e provocaram uma ruptura das lealdades das elites regionais e empresariais em que se sustentou a coalizão desenvolvimentista, provocando uma grande crise política e um ataque generalizado contra o Estado.

Foi nessas horas de crise econômica e política que os governos desenvolvimentistas – pressionados por todos os lados e tendo que arbitrar créditos e investimentos escassos, e uma moeda ameaçada – descobriram sua baixa capacidade de implementar políticas anticíclicas ou estratégias mais penosas de enfrentamento da crise, devido a heterogeneidade e fragilidade de seus apoios sociais e políticos, e devido ao alto grau de fragmentação e "privatização" de seus centros de poder. Mais do que isso, os governos desenvolvimentistas descobriram que nas horas de crise esses centros de poder eram transformados em instrumentos de uma luta "sem quartel", entre os próprios "aliados" e dentro do Estado, pelo controle de posições e de recursos escassos. Esta luta restringiu invariavelmente as margens de manobra e levou o Estado, muitas vezes, a uma situação de paralisia decisória.

Frente a esta situação crítica, os governos desenvolvimentistas e conservadores buscaram quase sempre a mesma solução i) tentando reimpor sua "credibilidade" através de uma centralização do poder autoritária; e ii) "fugindo para frente", sem enfrentar nem resolver as contradições e os problemas passados, apenas utilizando-se de novos recursos externos que permitiram reunificar os interesses que estiveram coligados e que voltaram a se unificar pragmaticamente em torno da nova liderança de turno[15].

Se olharmos para a conjuntura atual, desta perspectiva de longo prazo, tudo parece indicar que o país está vivendo uma crise provocada pelo esgotamento de mais um ciclo de "fuga para a frente" do desenvolvimento brasileiro. Não há dúvidas de que houve mudanças cruciais através da história, e que cada novo ciclo se deu num outro patamar de crescimento e complexidade social e econômica. E o mesmo aconteceu com o grande salto social e democrático das primeiras décadas do século XXI.

---

15. FIORI, J.L. *Instabilidade e crise do Estado na industrialização brasileira*. Rio de Janeiro: Instituto de Economia Industrial da UFRJ [mimeo.], 1988, p. 207-210 e 213-215 [Tese de professor titular, reeditada pelo autor para este artigo].

No entanto, o Brasil manteve seu padrão estrutural de crescimento e o novo projeto que alguns chamaram de "social-desenvolvimentista"; manteve também o apoio de uma coalizão de interesses extremamente heterogênea e desigual, ainda que agora sob a liderança de forças progressistas. Além disso, durante a última década, essa coalizão se alargou tanto, que acabou se transformando em um verdadeiro caleidoscópio ideológico e oportunista, sem força nem vontade para sustentar uma estratégia econômica e social, e de inserção internacional de mais longo prazo, com capacidade de navegar junto nos períodos de tempestade e na contramão dos mercados e das marés ideológicas e midiáticas dominantes.

Não é de estranhar, portanto, que na hora da desaceleração cíclica e das políticas de "ajuste", a maioria desses "aliados" esteja desembarcando da canoa com a mesma rapidez com que desembarcaram do regime militar, nos anos de 1980, e da coalizão neoliberal, nos anos de 1990. Mas é também nas horas de crise que podem ser tomadas decisões que mudem o rumo da história. Para isso, entretanto, é preciso ter coragem, persistência e visão estratégica.

Abril de 2015.

# 2.3
# Longa duração e incerteza

A leitura atenta da história brasileira permite ver que suas grandes inflexões estruturais foram provocadas por decisões tomadas em momentos de grande crise e desafio nacional e internacional. Como aconteceu no caso da "independência" brasileira, por exemplo, que foi uma decisão "reativa" e pouco planejada, frente a um contexto de profunda transformação geopolítica e econômica do velho continente, que culmina com a Paz de Versalhes e a supremacia naval, financeira e industrial da Inglaterra, dentro e fora da Europa.

O mesmo também aconteceu no caso da "abolição da escravidão" e da "proclamação da República", duas decisões brasileiras inseparáveis da conjuntura internacional, que começam – na América do Sul – com a derrota política do Brasil na Guerra do Paraguai, quando perdeu a hegemonia do Prata e começou a desintegração do Estado imperial e de suas próprias forças armadas; e fora da América do Sul, quando entraram em curso a ampliação e reconfiguração do núcleo das grandes potências, com a ascensão econômica e política dos Estados Unidos, Alemanha, Japão e Rússia. Só que nessa conjuntura, ao contrário do que passou na Independência, houve um projeto e uma estratégia nacional vitoriosa, que impôs a formação de uma república no território brasileiro, junto com a hegemonia do "cosmopolitismo agrário" das elites paulista e mineira.

Da mesma maneira, já no século XX, a "Revolução de 1930" foi também uma resposta ao desafio provocado pela "era da catástrofe", das grandes guerras, revoluções e crise econômica. Mas ao mesmo tempo, essa revolução da própria instauração do "Estado Novo" foram momentos decisivos de um projeto nacional que foi concebido na década de 1920 por uma parte da elite civil e militar brasileira – que conseguiu manter sua hegemonia até a década de 1980 – que se propôs a reconstruir e fortalecer o Estado brasileiro e suas Forças Armadas, incentivando e promovendo ativamente a industrialização e o crescimento econômico nacional, como forma de alcançar e superar a Argentina, na luta pela hegemonia do Prata e pela liderança da América do Sul.

Cinquenta anos depois, a "redemocratização" da década de 1980 marcou uma nova inflexão histórica indissociável da mudança geopolítica e econômica mundial, que começou com a crise e redefinição da estratégia internacional dos Estados Unidos, passou pela reafirmação do dólar, pela desregulação das finanças internacionais e pela escalada armamentista que levou à desintegração da URSS, ao fim da Guerra Fria, e à instauração da "unipolaridade imperial" dos Estados Unidos, que durou até 11 de setembro de 2001. Assim mesmo, depois de três décadas aproximadamente, o Brasil segue sem conseguir definir e consolidar uma estratégia nacional e internacional hegemônica.

Pelo contrário, ainda hoje se pode afirmar que este é o verdadeiro "núcleo duro" da disputa cada vez mais violenta entre as duas vertentes políticas – o PT e o PSDB – de um mesmo projeto bifronte que nasceu nos anos de 1980/1990. Sua base social era diferente, mas sua matriz teórico-ideológica originária foi mais ou menos a mesma: paulista e democrática, mas ao mesmo tempo antiestatista, antinacionalista, antipopulista, e em última instância, também, antidesenvolvimentista. Esse projeto bifronte, entretanto, se dividiu de forma cada vez mais nítida e antagônica a partir dos anos de 1990, quando o PSDB liderou uma política governamental de apoio, ajuste e integração do Brasil à nova estratégia econômica internacional dos Estados Unidos, de desregulação e globalização monetário-financeira, e de apoio ao projeto da Alca. Da mesma forma que na década seguinte, o PT liderou um governo de coalizão que foi adernando cada vez mais na direção de um projeto de Estado e de "capitalismo organizado" e de "bem-estar social", ao lado de uma política externa cada vez mais autônoma e voltada para as "potências emergentes", mesmo que nunca tenha conseguido alterar as regras e instituições monetário-financeiras criadas pelos governos do PSDB.

O que passou nesta última década e meia foi que as mudanças de rumo e os próprios desdobramentos inovadores da estratégia petista foram provocando deserções e criando vetos cada vez mais radicais, de forças nacionais e internacionais, de dentro e de fora da própria coalizão governamental. E como consequência previsível, a coalizão governamental petista foi perdendo a unidade e a força que seriam necessárias para tomar as decisões capazes de enfrentar a crise econômica atual sem abandonar a estratégia econômica que foi sendo construída, a partir do segundo Governo Lula. Este panorama de fragmentação e polarização nacional interna, entretanto, se agrava ainda mais quando ele é colocado na perspectiva de um conflito internacional cada vez mais aberto e violento, entre Estados Unidos e Rússia, e de uma competição política e militar cada vez mais explícita, entre

Estados Unidos e China, sendo Rússia e China os dois principais aliados do Brasil no projeto Brics.

Assim mesmo, o que mais assusta e preocupa neste momento é que o receituário tradicional do PSDB parece agora cada vez mais simplista e esclerosado; enquanto o PT parece cada vez mais apoplético e paralisado; e o governo, cada vez mais dividido e fragilizado. É óbvio que o Brasil sairá desta situação e seguirá em frente, como já o fez no passado, mas não está claro quais serão a estratégia e o caminho vencedor.

No entanto, é preciso ter atenção, porque foi em situações de alta polarização e incerteza social que surgiram e galvanizaram o poder em outras sociedades ocidentais, forças sociais e políticas fundamentalistas, obscurantistas e retrógradas, que sempre contaram com o apoio oportunista de amplos setores da elite financeira e iluminista, nacional e internacional. Os mesmos setores que depois derramam "lágrimas de crocodilo" na porta dos campos de concentração onde se tentou purificar e corrigir o mundo através da exclusão ou da morte dos impuros e dos hereges.

Junho de 2015.

## 2.4
# Sincronia e transformação

> *José Serra: "Partamos nesse instante para uma ofensiva e não fiquemos na defensiva porque a defensiva será a vitória de fato dessas forças reacionárias que hoje investem contra o povo brasileiro".*
> Pronunciamento ao vivo na Rádio Nacional do Rio de Janeiro feito na madrugada do dia 1º de abril de 1964.

Apesar de sua aparente instabilidade, a história política da América do Sul apresenta uma surpreendente regularidade, ou "sincronia pendular". Alguns atribuem ao acaso, outros, à conspiração política, e a grande maioria, aos ciclos e às crises econômicas. Mas na prática tudo sempre começa em algum ponto do continente e depois se alastra com a velocidade de um rastilho de pólvora, provocando rupturas e mudanças similares nos seus principais países. Essa convergência já começou na hora da independência e das guerras de unificação dos estados sul-americanos, mas assumiu uma forma cada vez mais nítida e "pendular" durante o século XX.

Foi assim que, na década de 1930, se repetiram e multiplicaram, por todo o continente, as crises e rupturas de viés autoritário; da mesma forma que na década de 1940, quase todo o continente optou simultaneamente pelo sistema democrático que durou até os anos de 1960 e 1970, quando uma sequência de crises e golpes militares instalou os regimes ditatoriais que duraram até os anos de 1980, quando a América do Sul voltou a se redemocratizar. Mas agora de novo, na segunda década do século, multiplicam-se os sintomas de uma nova ruptura ou inflexão antidemocrática – a exemplo do Paraguai – com o afastamento parlamentar e/ou judicial do presidente eleito democraticamente. Neste momento, até o mais desatento observador já percebeu a repetição, em vários países do continente, dos mesmos atores, da mesma retórica e das mesmas táticas e procedimentos. Só que, no caso brasileiro, esses mesmos sinais se somam a um processo de decomposição acelerada do sistema político, com a desintegração de seus partidos e ideários, que vão sendo substituídos por verdadeiros "bandos" raivosos e vingativos, liderados por personagens quase todos extremamente medíocres, ignorantes e corruptos, que se mantêm unidos pelo único objetivo comum de destroçar ou derrubar um governo frágil e acovardado.

Mas a história não precisa se repetir. Mais do que isso, é possível e necessário resistir e lutar para reverter a situação, começando por entender que essa crise imediata existe de fato, mas ao mesmo tempo ela está escondendo um impasse estratégico de maior proporção e gravidade que o país está enfrentando, e que não aparece na retórica da oposição, nem tampouco na do governo. O mundo está sofrendo uma transformação geopolítica e geoeconômica gigantesca, cujos desdobramentos determinarão os caminhos e oportunidades do século XXI. Ao mesmo tempo, a sociedade brasileira está sentindo e vivendo o esgotamento completo de seus dois grandes projetos tradicionais: o liberal e o desenvolvimentista. Por isso soam tão velhas, vazias e inócuas as declarações propositivas do governo, tanto quanto as da oposição mais ilustrada.

O mundo bipolar da Guerra Fria acabou há muito tempo, mas também já acabou o projeto multipolar que se desenhara como possibilidade no início do século XXI. Essa mudança já vem ocorrendo há algum tempo, mas ficou plenamente caracterizada na reunião do grupo Brics realizada na cidade de Ufa, na Rússia, em julho de 2015, e logo em seguida da Organização de Cooperação de Shangai (que já conta com adesão – como observadores – de Índia, Irã e Mongólia), configurando uma nova bipolaridade global entre regiões e civilizações, e não entre países de uma mesma cultura europeia e ocidental. É nesse contexto que se deve situar e entender a crescente colaboração militar entre Rússia e China, a nova "guerra fria" da Ucrânia, a reaproximação dos Estados Unidos com Cuba e Irã e vários outros movimentos em pleno curso ao redor do mundo. Da mesma forma se deve entender a extensão do impacto mundial da crise da Bolsa de Shangai, e sua sinalização de que está em curso uma mudança da estratégia nacional e internacional da China, envolvendo também sua decisão de entrar na disputa – de longo prazo – pela supremacia monetário-financeira global. A mesma pretensão e disputa que já derrubou vários outros candidatos nos últimos três séculos. Mas seja qual for o resultado desta disputa, a verdade é que o mundo está transitando para um patamar inteiramente novo e desconhecido, e o Brasil precisa se repensar no caminho desse futuro.

Nesse contexto, atribuir apenas ao Fisco a causa ou a solução do impasse brasileiro é quase ridículo, e tão absurdo quanto restringir a discussão sobre o futuro do Brasil a um debate macroeconômico, ou sobre uma agenda remendada às pressas contendo velhas reivindicações libero-empresariais, dispersas e desconectadas. O Brasil está vivendo uma oportunidade única de se "reinventar", redefinindo e repactuando seus grandes objetivos e a própria estratégia de construção de seu futuro e de sua inserção internacional, com os olhos postos no século XXI. Mesmo assim, nessa hora de extrema violência e irracionalidade, se o Brasil conseguir vencer e superar democraticamente a crise imediata, já terá dado um grande passo à frente rumo a um futuro que seja pelo menos democrático.

Mas atenção, porque esse passo não será dado se o governo e suas forças de sustentação não passarem à ofensiva, começando pela explicitação de seus novos objetivos e estratégia, uma vez que seu programa de campanha caducou. Hoje, como no passado, a simples defensiva "será a vitória de fato das forças reacionárias que hoje investem contra o povo brasileiro".

Agosto de 2015.

## 2.5
# O paradoxo e a insensatez

> *Uma vez me perguntaram se o Estado brasileiro é muito grande. Respondi assim: "Eu vou lhe dar o telefone da minha empregada, porque você está perguntando isto para mim, um cara que fez pós-doutorado, trabalha num lugar com ar-condicionado, com vista para o Cristo Redentor. Eu não dependo em nada do Estado, com exceção de segurança. Nesse condomínio social, eu moro na cobertura. Você tem que perguntar a quem precisa do Estado".*
> SCHYMURA, L.G. "Não foi por decisão de Dilma que o gasto cresceu". In: *Valor Econômico*, 07/08/2015.

Duas coisas ficaram mais claras nas últimas semanas, com relação à tal da "crise brasileira". De um lado, o despudor golpista, e de outro, a natureza ultraliberal do seu projeto para o Brasil. Do ponto de vista político, ficou claro que dá absolutamente no mesmo o motivo dos que propõem um *impeachment*. O fundamental é sua decisão prévia de derrubar uma presidente da República eleita por 54,5 milhões de brasileiros há menos de um ano, o que caracteriza um projeto claramente golpista e antidemocrático e, o que é pior, conduzido por lideranças medíocres e de discutível estatura moral.

Talvez, por isso mesmo, nas últimas semanas, a imprensa escalou um grupo expressivo de economistas liberais para formular as ideias e projetos do que seria o governo nascido do golpe. Sem nenhuma surpresa: quase todos repetem as mesmas fórmulas, com distintas linguagens. Todos consideram que é preciso primeiro resolver a "crise política", para depois poder resolver a "crise econômica"; e uma vez "resolvida" a crise política, todos propõem a mesma coisa, em síntese: "menos Estado e menos política". Não interessa muito o detalhamento aqui de suas sugestões técnicas. O que importa é que suas premissas e conclusões são as mesmas que a utopia liberal repete desde o século XVIII, sem jamais alcançá-las ou comprová-las, como é o caso de sua crença na racionalidade utilitária do *homo economicus*, na superioridade dos "mercados desregulados", na existência de mercados "competitivos globais", e na sua fé cega na necessidade e possibilidade de despolitizar e reduzir ao mínimo a intervenção do Estado na vida econômica.

É muito difícil para os ideólogos que sonham com o "limbo" entender que não existe vida econômica sem política e sem Estado. É muito difícil para eles compreender ou aceitar que as duas "crises brasileiras" são duas faces de um conjunto de conflitos e disputas econômicas cruzadas, cuja solução tem que passar inevitavelmente pela política e pelo Estado. Não se trata de uma disputa que possa ser resolvida através de uma fórmula técnica de validez universal. Por isso, é uma falácia dizer que existem uma luta e incompatibilidade entre a "aritmética econômica" e o "voluntarismo político". Existem várias "aritméticas econômicas" para explicar um mesmo déficit fiscal, por exemplo, todas só parcialmente verdadeiras. Parece muito difícil para os economistas em geral, e em particular para os liberais, aceitarem que a economia envolve relações sociais de poder, que a economia é também uma estratégia de luta pelo poder do Estado, que pode estar mais voltado para o "pessoal da cobertura", mas também pode ser inclinado na direção dos menos favorecidos pelas alturas.

Assim, na conjuntura atual, como entender o encontro e a colaboração dos economistas liberais com os políticos golpistas? O francês Pierre Rosanvallon dá uma pista[16] ao fazer uma espécie de "exumação" do liberalismo da "escola fisiocrática" francesa de François Quesnay, que propõe a redução radical da política e a transformação dos governos em puras máquinas administrativas e despolitizadas, fiéis à "ordem natural" dos mercados. E mostra como e por que o projeto de despolitização radical da economia e do Estado leva à necessidade implacável de que um "tirano" ou "déspota esclarecido", que entenda a natureza nefasta da política e do Estado, se mantenha "neutro" e promova a supressão despótica da política, criando as condições indispensáveis para a realização da "grande utopia liberal" dos mercados livres e desregulados. Foi o que Rosanvallon chamou de "paradoxo fisiocrata", ou seja: a defesa da necessidade de um "tirano liberal" que "adormecesse" as paixões e os interesses políticos e, se possível, os eliminasse.

No século XX, a experiência mais conhecida desse projeto ultraliberal foi a da ditadura de Augusto Pinochet, no Chile, chamada pelo economista americano Paul Samuelson de "fascismo de mercado". Pinochet foi – por excelência – a figura do "tirano" sonhado pelos fisiocratas: primitivo, quase troglodita, dedicou-se quase inteiramente à eliminação de seus adversários e de toda a atividade política dissidente, e entregou o governo de fato a um grupo de economistas ultraliberais que puderam fazer o que quiseram durante quase duas décadas.

No Brasil não faltam – neste momento – candidatos com as mesmas características e economistas sempre rápidos em propor, e dispostos a levar até as últimas

---

16. ROSANVALLON, P. "Le liberalisme économique". In: *Histoire de l'idée de marché*. Paris: Seuil, 1988.

consequências, seu projeto de "redução radical do Estado" e, se for possível, de toda atividade política capaz de perturbar a tranquilidade de seus modelos matemáticos e cálculos contábeis. Neste sentido, não está errado dizer que os dois lados desse mesmo projeto são cúmplices e compartem a mesma e gigantesca insensatez, ao supor que seu projeto golpista e ultraliberal não encontrará resistência e, no limite, não provocará uma rebelião ou enfrentamento civil de grandes proporções, como nunca houve antes no Brasil.

Setembro de 2015.

## 2.6
# O novo intervencionismo americano

> Counter Foreign – *Corruption: Using our economic and diplomatic tools, the United States will continue to target corrupt foreign officials and work with countries to improve their ability to fight corruption so U.S. companies can compete fairly in transparent business climates.*
> PRESIDENCY OF THE UNITED STATES. *National Security Strategy of the United States of America.* Washington, DC, dez./2017, p. 22.

Depois da eleição de Donald Trump ficou muito mais difícil de prever o futuro do sistema mundial e as mudanças súbitas da política externa norte-americana, em particular com relação às grandes potências. Mas em um aspecto tudo ficou mais claro e transparente: o comportamento dos Estados Unidos frente aos países da "periferia" do sistema. Nestes casos, o Governo Trump aboliu as simulações do passado e assumiu de forma explícita o que os Estados Unidos sempre fizeram de forma encoberta: promover a mudança autoritária de governos e regimes que lhes desagradem por meio dos métodos que sejam mais rápidos e adequados. O seja, as "conspirações idealistas" cedem lugar ao "realismo estratégico na defesa do direito de intervenção americana contra seus dois novos "inimigos úteis": os fantasmas da "corrupção" e do "populismo autoritário". E hoje já é possível identificar e localizar as quatro estratégias básicas que vêm sendo utilizadas de forma separada ou conjunta, em vários pontos da periferia mundial do sistema de poder norte-americano:

i) A mais antiga de todas e a mais elementar talvez seja a intervenção nos processos eleitorais de países estratégicos, que sempre foi praticada pelos Estados Unidos, só que agora com o uso intensivo de novas técnicas eletrônicas de manipulação do inconsciente coletivo e de formação da "vontade eleitoral" dos cidadãos, através da invasão direta e imperceptível de seu domicílio privado. Como no caso mais recente e escandaloso da Cambridge Analytical, empresa especializada em análise de dados, comunicação estratégica e manipulação de processos eleitorais, que interveio nas eleições de 44 países, só no ano de 2014.

ii) Em um segundo nível de intervenção, situam-se os tradicionais "golpes militares" patrocinados pelos Estados Unidos durante o período da Guerra Fria, mas que ainda seguem sendo praticados, quando necessário, como ocorreu no caso da Turquia, em 2016. A grande novidade, neste caso, foi introduzida na América Latina com a derrubada de governos eleitos democraticamente através de um novo tipo de golpe, "jurídico-parlamentar", liderado pelo Poder Judiciário e apoiada por parlamentos de maioria conservadora e alta taxa de venalidade, contando com apoio massivo da mídia conservadora e com o aval, em última instância, de um setor majoritário das Forças Armadas.

iii) Em um terceiro nível, mais agressivo e letal, utilizado contra países com maior poder militar, aparecem as "sanções" utilizadas pelos Estados Unidos como verdadeiras armas de guerra. As sanções diplomáticas e comerciais são muito antigas, milenares, mas a grande novidade das duas últimas décadas têm sido as "sanções monetário-financeiras", aplicadas neste caso pelos Estados Unidos, país que emite a moeda de referência internacional e que possui o mercado financeiro mais aberto, poderoso e globalizado. Por isso, as sanções financeiras norte-americanas se transformaram numa arma mortal, sobretudo depois da abertura das contas bancárias impostas pelos Estados Unidos, dentro e fora de seu país, incluindo a União Europeia e a própria Suíça. O poder destrutivo dessas novas sanções é quase instantâneo, pois provoca a queda do valor da moeda do país-alvo, a fuga de capitais, a escassez de bens e a alta da inflação, até o limite do estrangulamento total da atividade econômica do país.

iv) Por fim, num nível mais alto e mais complexo de intervenção, encontra-se aquilo que os analistas têm chamado de "guerras híbridas" ou "guerras de quarta geração". Um tipo de guerra que não envolve necessariamente bombardeios, nem o uso explícito da força, porque seu objetivo principal é a destruição da vontade política do adversário, através do colapso físico e moral de seu Estado e sociedade política. Um tipo de guerra no qual se usa a informação mais do que a força; o cerco e as sanções mais do que o ataque direto; a desmobilização mais do que as armas; a desmoralização mais do que a tortura. Até o limite da indução e manipulação dos "levantes populares" que foram utilizados em alguns países da Europa Central e do Oriente Médio, e que agora estão sendo utilizados na América Latina. E também no Brasil[17].

---

17. A interferência dos Estados Unidos na vida política sul-americana é muito antiga e adquiriu características extremamente autoritárias depois da Revolução Cubana. Mais recentemente essa intervenção assumiu novas formas, e no caso brasileiro, em particular, transformou-se numa estratégia de apoio e articulação das forças internas decididas a enfrentar, derrotar e derrubar o projeto político e o próprio governo liderado pelo Partido dos Trabalhadores, desde

Nesses novos tempos, a democracia e a soberania nacional dos países periféricos deixam de ter qualquer valor e podem ser atropeladas impunemente toda vez que se transformem num alvo da política externa dos Estados Unidos. Essas "intervenções estratégicas" não têm mais nenhum tipo de limite ético, nem mais nenhum tipo de compromisso com a reconstrução das sociedades e economias que forem destruídas.

O tempo do Plano Marshall e da "hegemonia benevolente" dos Estados Unidos acabou e não voltará mais. Esse é um "dado de realidade" que precisa ser assumido e computado pela estratégia dos povos e das forças políticas que ainda sonham e lutam para ser donos do seu próprio destino.

Agosto de 2018.

---

2003. Essa estratégia culminou no golpe de Estado de 2015/2016, mas se acelerou a partir das grandes manifestações de rua de 2013, manipuladas e/ou instigadas pela grande imprensa conservadora, ao estilo do que aconteceu em vários outros países, sobretudo na Europa Central e em alguns países do Oriente Médio.

# 2.7
# Geopolítica e fé

> *While the US government is moving toward a policy of regime change in Venezuela, its action may simply lead to a prolonged standoff.*
> STRATFOR WORLDVIEW. *The Daily Brief*, 04/10/2018.

Três anos depois do início das sanções econômicas americanas contra a Venezuela, o Presidente Donald Trump anunciou, em entrevista coletiva no Estado de Nova Jersey – concedida no dia 14 de agosto de 2017 – que os Estados Unidos poderiam fazer uma ação militar na Venezuela. E um ano depois, no dia 8 de agosto de 2018, o jornal *NYT* noticiou que, de fato, vários funcionários americanos já haviam se reunido com militares venezuelanos para promover a derrubada do presidente venezuelano, Nicolás Maduro.

Por outro lado, e dentro desse mesmo tabuleiro, no mesmo mês de agosto de 2018, o presidente venezuelano visitou Pequim e recebeu apoio político e financeiro do Presidente Xi Jinping, assinando 28 acordos de cooperação com a China nas áreas de energia e mineração. Acordos que alargam e aprofundam uma relação econômica de mais de uma década, que já superou a casa dos 50 bilhões de dólares emprestados ou investidos em 780 projetos econômicos financiados pelos chineses ou montados em parceria com os venezuelanos. Paralelamente, o Presidente Maduro visitou e foi recebido na cidade de Moscou como um "aliado estratégico" da Rússia, com quem assinou acordos de investimento no valor de R$ 6 bilhões de dólares, destinados aos setores de petróleo e mineração de ouro.

Não há dúvida, entretanto, de que esse "conflito anunciado" mudou de qualidade no dia 10 de dezembro do ano passado, quando aterrissaram no aeroporto internacional de Caracas dois bombardeiros estratégicos TU-160, um avião de transporte militar AN124, e uma aeronave IL-62, da Força Aeroespacial da Rússia, para participar de exercícios militares conjuntos com as forças venezuelanas. Nesse momento, com toda certeza, a Venezuela mudou de posição no cenário internacional e passou a ocupar outro lugar, muito mais importante, na competição entre as três grandes potências que lutam pelo poder global.

Uma disputa aberta e sem fim previsível que se acelerou na segunda década do século, depois da posse de Vladimir Putin e Xi Jinping, em 2012 e 2013, respectivamente, e ainda mais depois da posse de Donald Trump, em janeiro de 2017. Como todos os analistas já entenderam, Donald Trump abandonou a velha política norte-americana de apoio e promoção ativa de regras e instituições de governança multilateral, adotando como bússola de sua política externa o modelo westfaliano de solução dos conflitos mundiais, através da competição e do uso agressivo do poder econômico como arma de guerra, além do uso permanente da ameaça militar para o caso em que as sanções econômicas não funcionem. Trata-se de uma luta sem quartel e sem religião, orientada pelo mesmo nacionalismo econômico da Rússia e da China, e de todos os demais países que têm ainda algum peso dentro do sistema mundial.

O petróleo não é a causa de todos os conflitos do sistema internacional. Mas não há dúvida de que a grande centralização de poder que está em curso no sistema interestatal também está transformando a permanente luta pela "segurança energética" dos estados nacionais, em uma guerra entre as grandes potências pelo controle das novas reservas energéticas que estão sendo descobertas nos últimos anos. Uma guerra que se desenvolve palmo a palmo, e em qualquer canto do mundo, seja no território tropical da África Negra, ou nas áreas geladas do Círculo Polar Ártico; seja nas turbulentas águas da Foz do Amazonas, ou na inóspita Península de Kamchatka. Mas não há dúvida de que as descobertas mais importantes e promissoras deste início de século foram a das areias betuminosas do Canadá, do pré-sal brasileiro e a do cinturão do Rio Orinoco, na Venezuela.

O cinturão do Orinoco transformou a Venezuela na maior reserva de petróleo do mundo, calculada hoje em 300 bilhões de barris; as areias monazíticas transformaram o Canadá na terceira maior reserva, estimada em 170 bilhões de barris, logo depois da Arábia Saudita, mas muito à frente do Brasil, que assim mesmo saltou para o décimo quinto lugar do *ranking* mundial, com reservas estimadas de 13 bilhões de barris[18], sem levar em conta, evidentemente, as estimativas de alguns centros de pesquisa que falam de até 176 bilhões de barris de reserva em todo o "polígono do pré-sal" brasileiro. Se somarmos a isto o salto da produção americana de petróleo e de gás, nos últimos três ou quatro anos, produzido pelo *"fracking boom"*, entenderemos por que o continente americano está se transformando no novo grande foco da geopolítica energética mundial. E entenderemos também duas outras coisas: a decisão norte-americana de voltar a ser o maior produtor de

---

18. Dados publicados em 1º de janeiro de 2017 no The World Factbook, da Central Intelligence Aghency (CIA) [Disponível em www.cia.gov/library].

petróleo do mundo, e o *pivot* ou controlador – em última instância – dos níveis de produção e preço do mercado mundial de petróleo.

O problema é que agora, do outro lado dessa disputa, já não está apenas a Opep, liderada pela Arábia Saudita, que segue sendo um "Estado-cliente" dos Estados Unidos. Está a Rússia, que é o segundo maior produtor mundial de petróleo, e que está cada vez mais próxima e articulada com a Opep e com a própria Arábia Saudita. E está também a China, cada vez mais interessada em diversificar e garantir seu fornecimento de energia, impedindo ao mesmo tempo que os Estados Unidos imponham sua supremacia e o controle sobre o mercado do petróleo, somando-o ao controle que já exercem sobre a moeda de referência internacional.

Tudo indica que essa disputa deverá se acirrar ainda mais no ano de 2019, quando os Estados Unidos tentarão aumentar a produção mundial de óleo, enquanto a Rússia e a Opep estarão forçando na direção contrária. No mesmo ano de 2019, aliás, em que a Opep será presidida pela Venezuela, e a Rússia talvez esteja entrando na organização com o apoio da Arábia Saudita. Dessa perspectiva, talvez se possa compreender melhor a "ordem unida" que os norte-americanos decidiram impor dentro de seu hemisfério, e o enfrentamento geopolítico e geoeconômico que se anuncia na Venezuela.

Dentro deste quadro de enorme complexidade econômica e geopolítica, soa absolutamente delirante, quase infantil, imaginar que está sendo travada na Venezuela uma batalha em defesa da fé cristã e dos valores e arquétipos da civilização ocidental. Esse tipo de visão milenarista costuma reaparecer de tempos em tempos, em certas idades, e em alguns momentos da história, mas não costuma chamar atenção nem causar maiores danos coletivos enquanto se mantenha como uma fantasia individual. Mas tudo muda de feição quando esses arroubos milenaristas se transformam numa Cruzada que pode dar lugar a uma guerra insana – neste caso, envolvendo pelo menos três países da América do Sul que não têm a menor experiência, nem a menor competência técnica, logística e psicológica para fazer uma guerra com suas próprias pernas.

Em momentos como este, de grande exuberância teológica e entusiasmo salvacionista, é bom lembrar aos cruzados uma velha lição da história a respeito dessas "guerras santas" entre pequenos "peões militares" terceirizados pelas grandes potências: depois que começam, elas não costumam ter fim.

1º de janeiro de 2019.

# 2.8
# O mesmo e o outro

> Os animais se dividem em: a) pertencentes ao imperador; b) embalsamados, c) domesticados, d) leitões, e) sereias, f) fabulosos, g) cães em liberdade, h) incluídos na presente classificação, i) que se agitam como loucos, j) inumeráveis, k) desenhados com um pincel muito fino de pelo de camelo, l) et cetera, m) que acabam de quebrar a bilha, n) que de longe parecem moscas.
> BORGES, J.L. "Uma certa enciclopédia chinesa". Apud FOUCAULT, M. *As palavras e as coisas*. São Paulo: Martins Fontes, 2002, p. IX.

Bastou um mês para que as pessoas mais avisadas percebessem que Jair Bolsonaro e seus aliados mais próximos não têm preparo nem estatura para governar um país com 220 milhões de habitantes, que está dividido e destruído moralmente, caindo aos pedaços literalmente. Nesse mesmo tempo, ficaram visíveis também as divisões e lutas internas nessa coalizão que se formou às pressas para barrar o caminho eleitoral de Luiz Inácio da Silva, e muitos analistas já preveem, para breve, inclusive a "defenestração" de alguns membros do governo ou do próprio presidente. De qualquer maneira, aconteça o que acontecer, no curto prazo existe uma questão mais importante que se mantém de pé e sem resposta no longo prazo: qual é, afinal, o projeto de país desse governo?

Com ou sem Bolsonaro, o que é que esse conglomerado tão heterogêneo de pessoas está se propondo a fazer diante do desafio de uma economia que está estagnada há anos; de uma sociedade que está cada vez mais desigual e violenta; e de um povo que está cada vez mais pobre e sem esperança de futuro para seus filhos e netos, que estão abandonando o país. Dizer que se trata de um governo de extrema-direita, populista e com impulsos fascistas não responde automaticamente a nossa pergunta, porque existem muitos governos que hoje se definem da mesma maneira, em vários lugares do mundo, e que são inteiramente diferentes entre si. Tampouco resolve o problema dizer apenas que se trata de um "governo militar", apesar de que, de fato, já existam mais de 60 militares ocupando postos de comando e posições técnicas em quase todos os ministérios, autarquias ou empresas estatais do governo, além, obviamente, do próprio presidente e seu vice-presidente. Provavelmente, em maior número do que houve no governo do General Castelo Branco e seus sucessores, durante o regime instalado pelo golpe militar de 1964. O mundo mudou e as circunstâncias nacionais são muito diferentes, mas assim mesmo esta comparação ainda possa ser a melhor pista para entender e decifrar o futuro do novo governo brasileiro. Senão vejamos, começando por algumas semelhanças mais expressivas.

Em 1964, como hoje, os Estados Unidos apoiaram ativamente a derrubada dos governos constituídos e depois ajudaram a sustentar os novos governos militares que foram instalados. Nos dois casos, a coalizão vitoriosa incluiu os militares, o Poder Judiciário junto com o STF, a Igreja Católica, a imprensa conservadora e os partidos de direita, sustentados pela burguesia financeira, mercantil e agroexportadora, apoiados por setores populares e da classe média mobilizada pela hierarquia católica. Além disso, em 1964, como agora, depois de assumir o governo, os militares convocaram economistas ortodoxos e ultraliberais para comandar a política econômica do governo, como foi o caso de Otavio G. de Bulhões e Roberto Campos, discípulos diretos de Eugenio Gudin, que já havia sido ministro da Fazenda do governo de transição, depois do golpe militar que derrubou Vargas em 1954. Por fim, em 1964 como agora, o governo do General Castelo Branco alinhou-se imediatamente com a política externa dos Estados Unidos, apoiando o boicote econômico a Cuba, e participando – em 1965 – da invasão de Santo Domingo, que depôs o presidente eleito Juan Bosch, para colocar no seu lugar Joaquin Balaguer, escalado pelo governo norte-americano. Mas apesar dessas semelhanças, o futuro deste novo governo parece esconder-se nas diferenças, mais do que em suas semelhanças com 1964.

A primeira grande mudança, e a mais visível, sem dúvida, foi o deslocamento da Igreja Católica do centro do poder e sua substituição por várias seitas evangélicas e neopentecostais. Esse novo grupo de poder é o que mais chama atenção dentro do governo recém-instalado. Em geral são fundamentalistas e usam uma linguagem extremamente agressiva, mas não propõem nada de concreto para o Brasil que não seja apenas a propagação da sua própria fé, que é transcendental. Suas ideias e seu conservadorismo têm raízes muito antigas e remontam às seitas evangélicas norte-americanas. É muito pouco provável, entretanto, que esse grupo consiga impor suas obsessões morais à imensa parte da sociedade brasileira, que é laica, moderna, liberal e cosmopolita. Dessa facção ideológica do governo, a principal ameaça que paira sobre o futuro do país se concentra no campo da educação, que foi entregue a um teólogo estrangeiro reacionário, agressivo e desrespeitoso com o povo brasileiro; e no campo da política externa do país, que foi entregue a um diplomata entusiasta de Donald Trump, com convicções milenaristas e teses delirantes sobre a conjuntura internacional.

O segundo grande grupo ideológico do novo governo é formado por seus economistas ultraliberais, e também aqui existem diferenças com relação ao regime militar de 1964. Do ponto de vista retórico, todos repetem sempre a mesma ladainha da desregulação dos mercados, da contenção dos gastos públicos e da defesa do "Estado mínimo", com a diferença de que, em 1964, logo depois da estabilização inicial, os ultraliberais foram substituídos pela heterodoxia pragmática e desenvolvimentista do Ministro Delfim Neto, mantido no governo no período do chamado "milagre econômico" brasileiro, que foi seguido pelo "salto à frente" proposto pelo governo do General Geisel. Hoje a agenda dos novos ortodoxos se reduz à reforma da Previdência e algumas privatizações, sem nenhuma proposta, expectativa ou horizonte de maior fôlego que mobilize ou interesse ao conjunto da sociedade brasileira. Deve-se sublinhar, além disso, que a mesma reforma da Previdência, somada às privatizações, já foi experimentada em dezenas de países, nas duas últimas décadas, sem ter nenhum impacto significativo sobre seu ritmo de crescimento.

Por isso talvez muitas pessoas olhem hoje para o segmento militar do novo governo brasileiro com a expectativa de que esteja ali o projeto de futuro do país, sem se dar conta de que é exatamente nesse lado do governo que se encontra a maior diferença entre o passado e o presente. A começar pelo fato de que, em 1964, as Forças Armadas assumiram o governo como uma instituição hierárquica e de Estado, e hoje esses 60 ou 70 militares que estão no governo são da reserva, não compartilham as mesmas posições ideológicas e estratégicas e não pertencem mais a uma mesma hierarquia de comando.

É fato sabido que, no século XX, os militares brasileiros tiveram papel decisivo na elaboração e execução do "desenvolvimentismo conservador" que orientou a estratégia econômica do Estado brasileiro entre a década de 1930 e o final dos anos de 1970. O que não se diz, em geral, é que desde o início do século XX os militares brasileiros optaram por uma aliança estratégica com os Estados Unidos para contrabalançar a aliança da Argentina com a Inglaterra. Uma aliança que foi reforçada depois da Segunda Guerra Mundial, no contexto da Guerra Fria, envolvendo o apoio dos Estados Unidos ao projeto desenvolvimentista e conservador dos militares brasileiros. O que era perfeitamente compreensível, uma vez que norte-americanos foram grandes promotores do desenvolvimentismo nos anos de 1950 e 1960. Neste sentido se pode dizer, inclusive, que o sucesso econômico do Brasil depois da Segunda Guerra Mundial foi mais um caso de "desenvolvimento a convite" dos norte-americanos e dos europeus, até o momento em que o projeto de "capitalismo de Estado" e de "potência intermediária" do General Ernesto Geisel foi vetado e interrompido, com ajuda decisiva dos próprios norte-americanos.

Hoje o mundo está em plena reconfiguração geopolítica e econômica, mas os militares brasileiros seguem pensando como no século XX, de forma binária e sem conseguir elaborar uma nova estratégia segundo a qual o Brasil não está mais obrigado a considerar seus adversários aqueles que são apenas concorrentes e inimigos dos Estados Unidos. A nova geração de militares brasileiros não é menos inteligente nem menos bem-formada do que seus antecessores do século XX. O que passou foi que eles perderam a bússola estratégica e econômica do século passado, e estão com dificuldade de retomá-la e refazê-la em sintonia com o século XXI. Talvez porque já não contem com o apoio externo e a sustentação externa que lhes permitisse retomar e refazer o projeto que eles mesmos ajudaram a construir no século XX.

Ou seja, resumindo: neste momento, o Brasil é uma nau sem comando e sem rumo. Pior do que isso, o Brasil não possui hoje nenhum tipo de utopia ou estratégia de futuro.

3 de fevereiro de 2019.

## 2.9
# O ponto cego dos militares brasileiros

> *A riqueza é o grande objetivo. E a riqueza só pode ser obtida através de um notável desenvolvimento econômico, desenvolvimento esse que não pode ser atingido em isolamento. Os capitais e os produtos industriais ou agrícolas precisam de preferências, e nessas preferências há concorrentes.*
> "Paz". Editorial da *Revista de Defesa Nacional*, jun./1919, p. 342.

A história comparada das grandes potências capitalistas ensina que o crescimento de seu poder político e influência mundial dependeu do grau de sucesso de seu desenvolvimento econômico. E o sucesso de seu desenvolvimento econômico dependeu – em grande medida – da capacidade de esses países responderem com eficiência aos desafios colocados por seus concorrentes e inimigos externos. Por isso, em todos os casos, a questão da "defesa" e de "preparação para a guerra" funcionou como uma bússola estratégica de suas economias vitoriosas[19].

Foi o que ocorreu, por exemplo, na relação entre Portugal e Espanha nos séculos XV e XVI; entre Holanda e Inglaterra, no século XVII; entre França e Inglaterra, no século XVIII; entre Grã-Bretanha, Rússia e Alemanha, no século XIX; entre Estados Unidos e URSS, no século XX; e agora de novo, entre Estados Unidos, China e Rússia, no século XXI. E o mesmo aconteceu na América do Sul, com a competição entre Argentina e Brasil, pela hegemonia da Bacia do Prata, entre 1870 e 1980. Nesse período, a Argentina se transformou no primeiro "milagre econômico" da América do Sul, entre 1870 e 1940; e, logo em seguida, o Brasil obteve o mesmo sucesso, entre 1930 e 1980, completando 100 anos de crescimento sequenciado e contínuo, dentro de um mesmo tabuleiro geopolítico.

A aceleração econômica da Argentina começou logo depois da Guerra do Paraguai e seguiu uma estratégia clara e bem determinada de aliança com a Inglaterra e de competição com o Brasil pela supremacia do Cone Sul. No início do século XX, a Argentina estava muito à frente do Brasil e já havia se transformado

---
19. FIORI, J.L. *História, estratégia e desenvolvimento*. São Paulo: Boitempo, 2014.

na sexta ou sétima economia mais rica do mundo. Mas logo depois da "crise de 30", o país "entrou em pane" e sua sociedade nunca mais conseguiu se unir em torno de alguma estratégia de inserção dentro da nova ordem mundial liderada pelos Estados Unidos.

Ao contrário da Argentina, o Estado e as Forças Armadas brasileiras entraram em colapso, e quase se desintegraram depois da Guerra do Paraguai. Só vieram a se recuperar no século XX, seguindo uma estratégia igual e contrária de competição e superação da Argentina, que começou a ser desenhada na época de Rio Branco e Hermes da Fonseca, mas só se transformou na política oficial do Estado brasileiro depois de 1930. Manteve-se a partir daí, de forma mais ou menos constante durante os 50 anos em que a economia brasileira cresceu a uma taxa média anual de 7% – crescimento responsável pela ultrapassagem da Argentina, já na década de 1950, e pela transformação do Brasil na principal potência da América do Sul, já pelos anos de 1980.

Essa inversão de posições no tabuleiro do Prata foi uma obra complexa, envolvendo muitos grupos e forças políticas, mas não há dúvida de que os militares tiveram papel decisivo na formulação e execução desse projeto desenvolvimentista. Não é fácil separar as coisas, mas é perfeitamente possível analisar a participação dos militares de forma individualizada, para compreender seu papel no passado, e sobretudo para entender melhor sua divisão e impotência atual, no momento em que iniciam sua sexta intervenção direta no processo político brasileiro, a contar do golpe militar de 24 de outubro de 1930.

As grandes linhas da estratégia seguida pelos militares brasileiros durante o século XX foram traçadas e sistematizadas na década de 1930 por Mario Travassos e Góes Monteiro[20]. Desde então, suas ideias e objetivos fundamentais se mantiveram praticamente os mesmos até a década de 1980, a despeito das mudanças sofridas logo depois da Segunda Guerra Mundial e durante a Guerra Fria, propostas por Lysias Rodrigues, Golbery do Couto e Silva e pelo corpo de professores da Escola Superior de Guerra, criada em 1949 sob inspiração norte-americana. Em particular, depois da Revolução Cubana de 1959, quando a Doutrina de Segurança Nacional dos militares brasileiros redefiniu o velho conceito de "inimigo interno", que foi perseguido de forma implacável pelos governos militares que se sucederam depois do golpe de 1964.

Depois da grande crise econômica internacional do início dos anos de 1970, e da mudança geopolítica que se seguiu à derrota americana na Guerra do Vietnã, foi o próprio Golbery do Couto e Silva – o mais americanista de todos esses estra-

---

20. ZORTÉA VIEIRA, R. *Lembrai-vos da guerra*. Rio de Janeiro: Pepi/UFRJ [mimeo.], 2013 [Dissertação de mestrado].

tegos – que ajudou a repensar e redefinir a nova estratégia internacional, visando à criação de uma "potência intermediária", que foi seguida pelo Governo Geisel e boicotada pelos Estados Unidos durante os anos de 1970 e 1980. Assim mesmo, deve-se reconhecer que os objetivos especificamente militares da estratégia seguida nesses 50 anos foram alcançados, em grande medida: com a ocupação e a integração de grande parte do território nacional; com a competição e superação da Argentina no Cone Sul; com a conquista da hegemonia econômica dentro da América do Sul; com a obtenção de altas taxas médias de crescimento econômico; e com uma industrialização que deu acesso, aos militares, de alguns avanços tecnológicos indispensáveis à sua concepção de defesa nacional. E foi o compromisso com esses objetivos que obrigou os militares a se distanciar – recorrentemente – de seus aliados de primeira hora, os empresários e economistas liberais, assumindo a reponsabilidade direta pela criação das principais empresas estatais e estratégicas do país. De qualquer maneira, como já dissemos, esse projeto foi interrompido e abandonado na década de 1980, e os próprios militares brasileiros perderam seu protagonismo depois do fim da Guerra Fria.

Trinta e cinco anos depois da sua retirada de cena, os militares brasileiros estão de volta, em 2019, e parecem decididos a governar de novo. Mas se for o caso, terão que se enfrentar e responder aos novos desafios do Estado brasileiro: como é o caso da ocupação e integração plena demográfica, social e econômica da Amazônia; como é o caso da defesa da costa brasileira e da bacia do Atlântico Sul, agora com a riqueza do pré-sal; como é o caso da indispensável expansão econômica do país na direção do Pacífico; como é o caso da construção de alianças e pontes diplomáticas no "entorno estratégico" do Brasil, incluindo a costa ocidental da África; e como é o caso, finalmente, da projeção internacional do país para fora de seu próprio continente e do chamado hemisfério ocidental. Tudo isto reconhecendo que o mundo está atravessando uma gigantesca transformação geopolítica e geoeconômica, em pleno curso na segunda década do século XXI.

Frente a esse cenário e conjunto de desafios, soa absolutamente ridículo falar do "marxismo cultural" como se fosse um inimigo sério de alguma força armada que se respeite. E soa tão ou mais absurdo querer transformar a mudança de governo da Venezuela num objetivo do governo e de suas Forças Armadas, uma coisa que o Brasil jamais fez e que pode transformar o país – depois de passada a onda de extrema-direita – numa potência "subimperialista", odiada por seus vizinhos menores e menos ricos, os mesmos que já se encontram sob a égide hegemônica e pacífica do Brasil.

Para piorar esse horizonte dos militares, a economia brasileira não cresce há cinco anos, o investimento segue caindo, a infraestrutura está aos pedaços, o desemprego em alta e as perspectivas internacionais cada vez mais pessimistas. Aqui não há como tapar o sol com a peneira: os novos dirigentes políticos e econômicos do país saíram da sarjeta do Governo Temer, considerado, pela maioria dos brasileiros, como o pior governo da história republicana. Suas principais lideranças participaram diretamente do golpe de Estado de 2016 e compartilham as mesmas ideias econômicas liberais do Governo Temer, que já vêm fracassando há quatro anos. E não há a menor possibilidade de que a tão falada "reforma da Previdência" possa alterar o rumo desses acontecimentos. Ela não foi concebida para reativar a atividade econômica; assim, mesmo que seja aprovada, não terá o menor impacto sobre o crescimento real da economia brasileira.

Por isso, concluindo, é possível afirmar que os militares brasileiros caíram ou se meteram numa armadilha, e estão colocados numa verdadeira "sinuca de bico": ou se destroem como instituição e como poder, como já aconteceu no final do século XIX, só que agora por conta do fanatismo ideológico de seus economistas ultraliberais e do delírio belicista da ultradireita norte-americana; ou então procuram reencontrar o caminho do crescimento econômico acelerado e soberano para poder cumprir suas funções institucionais e seus objetivos estratégicos.

Para seguir a segunda alternativa teriam que fazer escolhas "heroicas", a começar pela redefinição dos termos de sua aliança tradicional com os Estados Unidos, o verdadeiro "dono" do Hemisfério Ocidental. E talvez seja este, exatamente, o verdadeiro ponto cego dos militares brasileiros: sua impotência frente aos Estados Unidos.

5 de março de 2019.

## 2.10
# A impotência dos economistas liberais

> *Quem diria que no começo do mandato de um governo liberal ele iria sancionar subsídios e discutir a retomada de proteções setoriais. Não é só a tarifa do leite, é a proteção de bens de capital.*
> LISBOA, M. *O Globo*, 18/02/2019, p. 17.

Súbito, fez-se o consenso, e já não é mais possível tapar o sol com a peneira: no primeiro trimestre de 2019, a economia brasileira entrou em marcha forçada na direção do colapso. Em apenas três meses, o mercado reduziu quatro vezes seguidas seu prognóstico com relação ao crescimento do PIB de 2019, que caiu de 3% para 1,8%. E tudo indica que seguirá caindo, tanto que o próprio mercado reconhece que não haverá retomada dos investimentos neste ano, qualquer que seja a circunstância.

Pelo Índice de Atividade Econômica do Banco Central – o IBC-BR –, a economia brasileira recuou 0,41% no mês de janeiro, enquanto a produção industrial despencou 0,8% no mesmo mês, segundo o IBGE. No acumulado do trimestre, o preço da gasolina subiu 28,3% e, no mês de março, a produção de veículos caiu 6,4% com relação a fevereiro, enquanto a capacidade ociosa da indústria química chegou a 25%, e a da economia brasileira ronda os 40%. A taxa de desemprego subiu de 11,6% para 12,4%, e o número de desempregados chegou aos 13 milhões, com aumento de um milhão em apenas três meses, numa economia que já tem 27,9 milhões de subempregados, em uma sociedade que voltou a ter 21% da sua população abaixo da linha da pobreza. Por fim, as receitas federais e o otimismo dos empresários e da população vêm caindo de forma acelerada e contínua.

Tudo isso poderia ser apenas um soluço econômico, mas não é. Na década de 2011 a 2020, a taxa média esperada do crescimento anual da economia brasileira deverá ser de apenas 0,9%, segundo estudo publicado pelo Ibre, da Fundação Getúlio Vargas. Uma taxa média menor do que a da década de 1980, que foi de 1,6%, e por isso chamada de "década perdida". Segundo o mesmo estudo do Ibre/FGV, o crescimento médio desta década deverá ser o pior dos últimos 120 anos da história brasileira, implicando um empobrecimento anual dos brasileiros na ordem de 0,3% do PIB ao ano. E não há a menor perspectiva de reversão desse quadro, com a taxa de investimento da economia brasileira girando em torno dos 15,5%, muito inferior à do Chile ou do México, que está na casa dos 20%, e muitíssimo inferior à taxa de investimento de alguns sócios brasileiros do Brics, como é o caso da China, que investiu 44,18% do PIB em 2018, ou mesmo da Índia, que investiu 31,4% no mesmo período, segundo dados do FMI. Uma situação que fica ainda mais difícil para o Brasil, num momento em que o mercado mundial de bônus vem caindo, sobretudo no caso dos bônus do governo alemão e dos títulos do Tesouro norte-americano, tornando os investidores internacionais cada vez mais reticentes, apesar do afrouxamento da política monetária do BCE e do FED.

O economista Lawrence Summers, ex-secretário do Tesouro americano, considera que a economia mundial está entrando num longo ciclo de "estagnação global", enquanto outros economistas falam do descenso de mais um ciclo de Kondratiev, mas a consequência é a mesma: para sair do buraco nessa conjuntura internacional, o Brasil terá que contar com seus próprios recursos e estímulos, para poder crescer de maneira contínua, a taxas de 3 e 4%, em um período de pelo menos 5 a 10 anos. É a única forma de absorver a capacidade ociosa e eliminar o desemprego, retomando o caminho do crescimento indispensável para que uma economia "atrasada" ou "imatura" consiga vencer sua miséria, reduzir sua desigualdade social e participar, em igualdade de condições, da competição entre as nações pela riqueza mundial.

Para enfrentar esse desafio, os economistas liberais têm uma proposta simples e recorrente: reformar a Previdência, privatizar empresas estatais e fazer reformas institucionais que abram e desregulem os mercados. Com relação à proposta de privatização da Previdência, balanço recente da OIT constata que dos 30 países que fizeram a mesma reforma, entre 1981 e 2014, 18 já voltaram atrás em decorrência do fracasso de seus novos sistemas de capitalização, iguais ao que está sendo proposto no Brasil. E a própria reforma chilena, que foi concebida pelo economista José Piñera, do grupo dos Chicago Boys, e depois imposta por decreto ditatorial do General Pinochet em 1981 (ou seja, oito anos depois do golpe militar de 1973), hoje vem sendo questionada de forma cada dia mais agressiva por uma verdadeira massa de idosos, pobres ou miseráveis, frustrados com os resultados desastrosos do novo sistema.

De qualquer maneira, independentemente do seu custo social e verdadeiro impacto fiscal, importa destacar que a privatização da Previdência não tem, nem nunca teve, nenhuma conexão direta com a taxa de investimento da economia e, portanto, também não tem nenhuma capacidade de induzir crescimento econômico. E tudo o que os economistas liberais dizem sobre o assunto envolve uma especulação mágica e psicológica sobre as "expectativas dos investidores", que não têm nenhuma base teórica nem evidência empírica, inclusive porque os "investidores" já podem ter perdido sua "confiança" e seu "interesse" na "sobreoferta" mundial de reformas da Previdência. Por outro lado, a privatização das demais empresas estatais só gera recursos do tipo *once for all*, e não garante nenhum tipo de investimento posterior dentro da economia brasileira. O mesmo pode ser dito com relação às demais "reformas" de que falam os economistas liberais, visando desregular e abrir os mercados.

Qualquer economista, de qualquer tendência teórica, sabe que nenhuma dessas reformas irá reacender, por si mesma, o *"animal spirit"* dos investidores, capaz de recolocar a economia brasileira na trilha do crescimento. Deste ponto de vista, é bom olhar para a experiência recente da Argentina de Mauricio Macri, que depois de três anos adotando políticas ortodoxas e reformas liberais – incluindo a reforma da Previdência – teve um crescimento negativo do PIB de 2,5% em 2018, e tem uma previsão de queda de 3,1% para 2019. Um resultado desastroso, que se soma a uma taxa de inflação que está na casa dos 47%, com um desemprego de 9,1 % e 32% da população argentina situada abaixo da linha de pobreza.

Nada disso, entretanto, parece atingir ou afetar a inabalável crença dos economistas liberais, no cálculo utilitário do "*homo economicus*", na existência de mercados abertos e desregulados, e na possibilidade de separar a economia capitalista do poder do Estado. É quase impossível para um economista liberal entender e aceitar que a economia envolve relações sociais de poder, e é parte de uma luta pela riqueza entre as grandes corporações e os grandes estados nacionais. Os economistas liberais raciocinam como se estivessem no ponto zero da história, dentro de uma economia homogênea e com atores equipotentes, quando de fato vivem numa sociedade que já é, de partida, desigual e heterogênea, com interesses econômicos e sociais excludentes e conflitivos. E tudo isso dentro de um sistema internacional em que os grandes estados se valem de suas economias nacionais como instrumentos na luta pelo poder e riqueza internacionais.

Dentro desse pensamento abstrato e irreal dos economistas liberais, é um grande passo teórico e um avanço realista a redescoberta da teoria estatal da moeda, de Georg Knapp, com o reconhecimento da relação indissolúvel entre o poder e a moeda – mesmo quando seja necessário acrescentar ao raciocínio de Knapp que a autonomia econômica dos estados com relação ao manejo de suas próprias moedas também depende da sua posição na hierarquia mundial do poder político e militar. Mas este já seria outro assunto e outra discussão.

Por isso voltemos ao ponto central do nosso argumento quanto à impotência da resposta dos economistas liberais frente ao desafio que o Brasil está enfrentando neste final da segunda década do século XXI. Do nosso ponto de vista, como já dissemos, os economistas liberais partem de premissas teóricas que desconhecem a complexidade do mundo real, nacional e internacional, e defendem um pacote de "reformas" que não leva em conta a heterogeneidade dos interesses e as hierarquias de poder que separam e contrapõem os capitais individuais e as classes sociais e, finalmente, propõem políticas e medidas que não foram concebidas para promover o crescimento acelerado de países "atrasados" ou "imaturos". Isso talvez ajude a entender por que os empresários e economistas liberais sejam sempre os primeiros a serem chamados, mas sejam também os primeiros a serem dispensados pelos governos brasileiros que nasceram dos golpes militares – de 24 de outubro 1930, de 19 de novembro de 1937, de 29 de outubro de 1945, de 24 de agosto 1954 e de 31 março de 1964.

No sentido inverso, talvez também sejam essas mesmas recorrências históricas do passado que expliquem a paradoxal admiração contemporânea de alguns economistas liberais brasileiros pelo Senhor Augusto Pinochet, a figura por excelência de governante violento, ignorante e corrupto, que se dedicou durante 15 anos à eliminação física de seus adversários e de toda a atividade política dissidente do seu país. Um verdadeiro "banho de sangue" que permitiu, em última instância, que os Chicago Boys chilenos pudessem impor ditatorialmente suas políticas e reformas, por cima de três mil pessoas mortas e mais 20 mil chilenos torturados, em nome do regime que outro economista norte-americano, Paul Samuelson, chamou de "fascismo de mercado".

Março de 2019.

## 2.11
# Religião, violência e irracionalidade

> *O meu anjo irá adiante de ti e te levará aos amoreus, aos heteus, aos fereseus, aos cananeus, aos heveus e aos jebuseus, e eu os exterminarei. Não adorarás os seus deuses, nem os servirás; não farás o que eles fazem, mas destruirás os seus deuses e quebrarás as suas colunas.*
> Ex 23,23-24. In: *Bíblia de Jerusalém*. São Paulo: 1985.

Na segunda década do século XVI, o humanista cristão Erasmo de Roterdã sustentou um famoso debate teológico com Martinho Lutero sobre a "regra da fé", ou seja, sobre o critério de verdade no conhecimento religioso[21]. Essa batalha não teve um vencedor, mas ajudou a clarificar a posição revolucionária de Lutero, que rejeitou a autoridade do papa e dos concílios, e defendeu a tese de que todo cristão deveria julgar, por si mesmo, o que fosse certo e o que fosse errado no campo da fé. Para Lutero, como para Calvino, a evidência última da verdade religiosa era a "persuasão" de cada um dos leitores das Escrituras, e esta "persuasão" era concedida aos homens pela "revelação" do Espírito Santo. Contra o argumento de Lutero, Erasmo levantou uma aporia fundamental: se aceitássemos o argumento de Lutero, como poderíamos decidir entre duas leituras e interpretações diferentes de algumas passagens mais obscuras dos textos sagrados? Ou seja, como se poderia escapar da circularidade do raciocínio de Lutero, que considerava que o critério da verdade religiosa era a "persuasão interior" do cristão e ao mesmo tempo dizia que esta mesma "persuasão" só poderia ser garantida pela "revelação divina". Uma "revelação" pessoal e intransferível, que não tem como ser confrontada com outra "revelação" igual e contrária, que não seja por meio do uso do poder e da força capaz de definir e impor o que seja certo e o que seja errado, o que seja a ortodoxia, e o que seja a heresia.

O primeiro cristão queimado na fogueira, acusado de heresia, foi um espanhol chamado Prisciliano, condenado e morto no ano de 385, poucos anos antes

---

21. POPKIN, R.H. *História do ceticismo de Erasmo a Spinoza*. Rio de Janeiro: Francisco Alves, 2000, cap. I.

que Santo Agostinho revisasse a doutrina pacifista dos primeiros cristãos e defendesse o direito ao uso da violência e à "guerra santa", sempre que fosse contra os infiéis. Uma tese que foi radicalizada por São Bernardo de Claraval, doutor da Igreja Católica que cunhou o neologismo "malecídio" – no ano de 1128 – para designar e justificar o assassinato cristão de hereges, pagãos e infiéis de todo tipo – doutrina aceita e praticada durante toda a Idade Média. Do lado protestante, o primeiro herege colocado na fogueira foi o cientista Miguel Servet, condenado e queimado pelos calvinistas do Conselho de Genebra no ano de 1553. Antes disso, entretanto, em 1525, Lutero já havia apoiado pessoalmente o massacre de 100 mil camponeses alemães que haviam se revoltado contra a nobreza e o clero católico, inspirados pelas próprias ideias dele.

A partir daí, a violência e a crueldade entre as seitas cristãs foi cada vez maior, e a divergência entre Erasmo e Lutero se transformou na força propulsora de uma guerra entre católicos e protestantes que durou mais de cem anos – de 1524 a 1648 –, a despeito de ambos os grupos participarem igualmente do genocídio religioso dos povos indígenas da América. Só depois da Paz de Westfália, assinada em 1648, é que essa ira santa contra os hereges foi domesticada, e a luta entre as religiões perdeu sua centralidade política na Europa.

Durante os 350 anos seguintes, as religiões foram afastadas do comando dos estados europeus e de suas decisões de guerra e paz. Nas últimas décadas, entretanto, em particular depois do fim da Guerra Fria, vem-se assistindo por todos os lados ao renascimento de um fanatismo religioso associado a forças políticas de extrema-direita. Tudo indica que essa onda começou nos Estados Unidos, na década de 1980, sob a liderança de seitas evangélicas e pentecostais, mas contando também com o apoio de setores cada mais extensos da Igreja Católica. Muitos sociólogos atribuem essa ressurgência à crise ou à morte das grandes utopias europeias dos séculos XIX e XX, e ao crescimento do medo e da insegurança de sociedades ameaçadas por um futuro incerto e imprevisível. Mas seja qual for a causa, a verdade é que o fenômeno adquiriu uma nova dimensão com a eleição de Donald Trump, em 2016, apoiado por uma grande coalizão de forças religiosas e de extrema-direita que acabaram se impondo dentro Partido Republicano. E houve um novo salto nesse processo, no momento em que essas forças religiosas assumiram o comando da política externa dos Estados Unidos, no início de 2018, com a nomeação de Mike Pompeo e John Bolton, como secretário de Estado e como conselheiro de Segurança da presidência da República, respectivamente, colocando-se ao lado de Mike Pence, o vice-presidente, e de James Mattis, o secretário de Defesa, para formar um dos grupos mais conservadores e belicistas que já comandou a política externa dos Estados Unidos desde a Segunda Guerra Mundial. Todos discípulos de Dick Cheney, e firmemente convencidos de que os Estados Unidos foram o "povo escolhido" por Deus para salvar a civilização judaico-cristã de seu declínio no século XXI.

Logo depois da posse de Pompeo e Bolton, no início de 2018, os Estados Unidos anunciaram sua "guerra comercial" com a China e sua saída do Acordo Nuclear com o Irã, que havia sido assinado em 2015, o Icpoa. Anunciaram também, logo em seguida, uma série de sanções com o objetivo de estrangular progressivamente a economia iraniana. Hoje, os Estados Unidos bombardeiam quase diariamente a população de pelo menos quatro países – Afeganistão, Somália, Síria e Iêmen – e sustentam, ao mesmo tempo, uma escalada global de sanções comerciais e financeiras, de ameaças e cercos militares, e de agressões retóricas contra Rússia, China, Coreia do Norte, Turquia, Venezuela, Cuba, Nicarágua, e a própria União Europeia – Alemanha, em particular. E agora de novo, em janeiro de 2019, os Estados Unidos anunciaram seu abandono do "Tratado de Forças Nucleares de Alcance Intermediário", assinado com a URSS em 1987, e depois aceleraram e multiplicaram suas intervenções ao redor do mundo.

O que mais chama a atenção nessa gigantesca demonstração de poder global é que, desde a posse dos "homens da Bíblia", o uso agressivo de ameaças e intervenções em todas as latitudes do mundo não vem acompanhado de nenhum tipo de discurso ético ou algum tipo de projeto comum para a humanidade. O único que se vê e se ouve são ordens, ameaças e exigências de submissão e obediência incondicional aos desígnios norte-americanos[22]. Um quadro aparente de loucura ou irracionalidade que pareceria incompatível com o que muitos analistas vêm chamando de acelerado processo de "cristianização da política externa norte-americana"[23]. Como conciliar duas tendências tão contraditórias? Aparentemente, através da visão milenarista compartilhada pelos novos estrategos bíblicos da política externa dos Estados Unidos que estão convencidos de que Donald Trump é o homem que foi enviado para comandar as forças do bem contra o mal, na batalha apocalíptica do Armagedon, que segundo a profecia bíblica deverá ser vencida pelas forças do bem e, portanto, pelos Estados Unidos da América.

Essa visão evangélica e pentecostal é compartilhada por setores católicos de extrema-direita, que hoje são liderados pelo cardeal norte-americano Raymond Burke, associado e financiado por Steve Bannon, o antigo assessor de Trump que hoje está envolvido na luta contra o pacifismo e o ecumenismo religioso de Jorge Ber-

---

22. FIORI, J.L. "Babel syndrome and the new security doctrine of the United States". In: *Journal of Humanitarian Affairs*, I(I), abr./2019, p. 42-45 [Disponível em www.manchesterophesive.com].
23. JOYCE, K. "The Chistianization of the U.S. Foreign Policy". In: *The New Republic*, 25/03/2019.

goglio, o Papa Francisco[24]. Do ponto de vista desse crescente fanatismo e belicismo religioso, fica cada vez menos absurda a convicção de alguns analistas internacionais sérios[25], que hoje estão plenamente convencidos de que os atentados de 11 de setembro de 2001 teriam sido de fato um "autoatentado terceirizado" e construído com o objetivo de mobilizar as energias nacionais americanas para uma guerra religiosa secular contra o Islã e todas as heresias que se anunciam no horizonte.

Sem entrar nessa discussão, a verdade é que, do ponto de vista funcional, os atentados de 2001 permitiram a Dick Cheney arrancar do Congresso as duas medidas que ele já vinha patrocinando desde o tempo em que comandou a Guerra do Golfo como secretário de Defesa dos Estados Unidos: o direito de o Executivo americano declarar guerra sem autorização do Congresso Nacional, em caso de "ameaça terrorista"; e o direito do Banco Central e do governo americano de acessarem e controlarem todas as operações financeiras mundiais que passem pelo sistema bancário americano, pelo Banco da Inglaterra e pelo próprio sistema bancário da União Europeia. Tudo isso pode ser apenas uma especulação teológica ou conspiratória, mas não há dúvida de que essas teses e interpretações religiosas conseguem dar algum sentido ao conjunto de ataques enfurecidos dos Estados Unidos contra tudo e contra todos que ameacem sua lealdade judaica e estejam no caminho de seu projeto de poder global.

Mas existe outro lado deste assunto que não é devidamente analisado: o fato de que outros povos e culturas possam não compartilhar desses mesmos valores, nem considerar que esses mesmos textos bíblicos sejam sagrados ou que suas profecias tenham algum fundamento real – o que nos remete de volta ao debate entre Erasmo e Lutero. A diferença, neste caso, é que o "outro lado" não é um indivíduo, nem é um cristão necessariamente, e pode até considerar que todas essas previsões do Apocalipse são uma rematada loucura. Além disso, no campo internacional, esse "outro" é sempre um Estado nacional, e pode ser um Estado que tenha as mesmas pretensões globais dos Estados Unidos, e que luta por suas crenças e valores com a mesma intensidade que os norte-americanos. Por isso mesmo, até agora, depois de um ano e meio de "gritos e ameaças", os "homens da Bíblia" que estão no comando da política externa norte-americana não tenham obtido nenhuma vitória significativa, nem mesmo alguma rendição da parte de seus concorrentes e adversários mais importantes que vêm sendo assediados na Ásia, no Oriente Médio e na América Latina.

---

24. MARTEL, F. *No armário do Vaticano*: poder, hipocrisia e homossexualidade. Porto: Porto Ed., 2019, p. 57.
25. CHAUPRADE, A. *Chronique du Choc des Civilizations*. Paris: Chronique, 2013, p. 13.

Desse ponto de vista, com toda certeza, uma das poucas intervenções diretas bem-sucedidas (pelo menos no curto prazo) desse grupo de herdeiros de Dick Cheney foi a "operação Bolsonaro", que ajudou a instalar no governo brasileiro uma coalizão política montada às pressas e liderada por um grupo de pessoas muito toscas e, ao mesmo tempo, extremamente violentas e religiosas. Uma espécie de simulacro de baixo nível de qualidade da própria coalizão que elegeu Trump e, mais especificamente, do grupo que assumiu o comando de sua política externa e emplacou um de seus discípulos (ou seminaristas?) no Ministério das Relações Exteriores do Brasil, com a função explícita e imediata de apoiar e participar da invasão militar da Venezuela já no início de 2019. Basta lembrar o papel patético e solitário do chanceler brasileiro, na fronteira com a Venezuela, ali postado como se fosse o comandante de um exército que não existia, e de uma invasão que não aconteceu. Faltou Mike Pompeo explicar ao seu pupilo que "povos escolhidos" só existem dois: Israel, que não teria maior importância se não fosse o Estado judeu por excelência, e portanto, na prática, um Estado religioso que foi transformado numa máquina militar de ocupação, com poder atômico[26]; e os Estados Unidos, que já foram "fundados" pelos puritanos, uma seita de origem calvinista radical, e que se tornou uma grande potência, extremamente religiosa, que expandiu e projetou seu poder de forma contínua desde o século XIX, sempre orientada por seus interesses estratégicos nacionais. Além disso, Pompeo deveria ter-lhe explicado que no caso de Israel e dos Estados Unidos, o discurso religioso da "salvação judaico-cristã" coincide com e instrumentaliza suas próprias estratégias de defesa e projeção mundial de seus interesses militares, políticos e econômicos.

Já no caso do Brasil, a luta pela civilização judaico-cristã não nos agrega nada, nem coincide ou ajuda a promover os interesses econômicos e estratégicos de um país que é multicultural, multirracial e extremamente heterogêneo do ponto de vista religioso, e desigual, do ponto de vista social. Por isso, essa nova submissão da política externa brasileira aos versículos da Bíblia admirados pelo presidente e seus filhos, e pelo próprio ministro, limitam inevitavelmente o escopo das alianças internacionais do país a um número muito pequeno e inexpressivo de países sem grande projeção, como é o caso, por exemplo, de Chile, Paraguai, Hungria, Polônia, ou mesmo Israel, fora do Oriente Médio.

A artificialidade do projeto americano transposto para o Brasil fica ainda mais nítida quando se analisa o papel da violência e da agressividade dos novos governantes brasileiros, que tentam imitar o modelo praticado sobretudo por Donald Trump e John Bolton. A violência primitiva do núcleo governante brasileiro transforma toda e qualquer divergência política e democrática numa heresia, e

---

26. FIORI, J.L. "A visão sagrada de Israel". In: *Valor Econômico*, 28/05/2009.

tenta eliminar e destruir como herege todos os seus opositores. Uma prática que já trouxe para o Brasil um tipo de divisão e enfrentamento religioso que não será fácil de superar ou esquecer por muitos e muitos anos, talvez décadas. No caso do Governo Trump, a agressão internacional, generalizada e destrutiva, encontra do outro lado da fronteira sociedades, culturas e civilizações sólidas e muitas vezes indiferentes com relação às fantasias apocalípticas dos norte-americanos. Mas no caso da agressividade bolsonarista e de sua obsessão doentia pelas armas, o que existe é uma sociedade que se sente atacada e ameaçada por seus próprios governantes, que não são capazes de propor para os brasileiros nenhum tipo de horizonte futuro mais pacífico, igualitário e justo. Pelo contrário, o que esse núcleo religioso e fundamentalista propõe é uma espécie de distopia da violência, o prazer da violência pela violência e o desejo psicopático doentio de destruir a tudo e a todos, sem propor nada em troca.

Hoje, a palavra "bolsonarismo" é usada, em todo o mundo, como sinônimo de violência irracional e destruição psicopática feita em nome de versículos bíblicos, mas sem nenhum sentido ético e humanitário. Já é utilizada também como um sinal vermelho de advertência sobre o limite a que pode chegar a humanidade quando perde o sentido ético da política e da história, e se joga contra tudo e contra todos, movida pelo ódio, medo e paranoia, transformando a religião num instrumento de vingança e destruição da possibilidade de convivência entre os homens.

Neste sentido, e de alguma forma, o "bolsonarismo" está fazendo com que as pessoas reflitam, no Brasil e em todo mundo, sobre as consequências dramáticas do "paradoxo de Erasmo e Lutero": perguntando-se como é que seitas e religiões que pregam a paz e o amor entre os homens podem ao mesmo tempo promover o ódio, a violência e a guerra sem fim contra "hereges" e "heresias" que elas mesmas vão inventando, separando amigos e inimigos, fiéis e infiéis, com base em "revelações" e "persuasões individuais" que não se sustentam em nenhum tipo de evidência ou argumentação racional, mas que acabam reforçando a unidade e a identidade dessas seitas através do próprio exercício da violência.

Maio de 2019.

## 2.12
# A danação da história e a luta pelo futuro

> *Depois de 1940, a Argentina entrou num processo entrópico de divisão social e crise política crônica ao não conseguir se unir em torno de uma nova estratégia de desenvolvimento, adequada ao contexto geopolítico e econômico criado pelo fim da Segunda Guerra Mundial, pelo declínio da Inglaterra e pela supremacia mundial dos Estados Unidos.*
> FIORI, J.L. *História, estratégia e desenvolvimento.* São Paulo: Boitempo, 2014, p. 272.

Existe uma pergunta angustiante que paira no ar, sobre o Brasil: o que passará no país quando a população perceber que a economia colapsou e que o programa econômico desse governo não tem a menor possibilidade de recolocar o país na rota do crescimento? Com ou sem reforma da Previdência, qualquer que seja ela, mesmo a proposta pelo Senhor Guedes. E o que ocorrerá depois disso?

O mais provável é que a equipe econômica do governo seja demitida e substituída por algum outro grupo de economistas que atenue os traços mais destrutivos do programa ultraliberal do governo. Mesmo assim, não estará afastada a possibilidade de que o próprio presidente seja substituído por algum de seus aliados de extrema-direita dessa coalizão construída de forma apressada e irresponsável, em torno de uma figura absolutamente inepta e demente. Mas se nada disso acontecer e as coisas seguirem se arrastando e piorando nos próximos tempos, o mais provável é que as forças de extrema-direita venham a ser fragorosamente derrotadas nas próximas eleições presidenciais.

O problema é que, quando isto ocorrer, o Brasil já terá completado mais uma "década perdida", o que torna ainda mais difícil de prever e planejar o que acontecerá, e o que possa ser feito na década de 2020, para retirar o país do caos. É, entretanto, indispensável e urgente que se imagine e reflita sobre esse futuro, para não repetir erros passados. Para tanto, o melhor caminho é começar pela releitura do próprio passado e em seguida analisar, com mais atenção, o caso de alguns países que fizeram idênticas escolhas e que vão antecipando as consequências do rumo adotado pelo Brasil.

Comecemos, portanto, de forma extremamente sintética, pela década de 80 do século passado, quando o "desenvolvimentismo sul-americano" entrou em crise e foi abandonado por todos os países do continente onde ele havia sido hegemônico desde o fim da Segunda Guerra Mundial. Esse colapso ocorreu de forma simultânea com a "crise da hegemonia americana", da década de 1970, e com a mudança da estratégia econômica internacional dos Estados Unidos, durante o governo de Ronald Reagan, na década de 1980. Foi nesse período que se deu a grande "virada neoliberal" da América do Sul, quando as elites políticas e econômicas do continente adotaram em conjunto, e quase simultaneamente, o mesmo programa de reformas e políticas liberais preconizado pelo que se chamou, na época, de "Consenso de Washington".

No entanto, em todos os países em que foram aplicadas, essas políticas neoliberais produziram baixo crescimento econômico e aumento das desigualdades sociais. E na entrada do novo milênio, os resultados negativos contribuíram para que a América do Sul fizesse uma nova meia-volta, desta vez "à esquerda", aproveitando-se do vácuo criado na região pela guerra global ao terrorismo, que deslocou a atenção dos Estados Unidos para o Oriente Médio. Em poucos anos, quase todos os países do continente elegeram governos de orientação nacionalista, desenvolvimentista ou socialista, com uma retórica antineoliberal e com um projeto econômico cujo denominador comum apontava numa direção muito mais nacionalista e desenvolvimentista do que liberal. Foi nesse período, já na primeira década do novo milênio, que o Brasil e alguns outros países do continente decidiram aumentar o controle estatal de alguns ativos estratégicos da região, em particular no campo da energia, como aconteceu depois da descoberta do pré-sal no Brasil, e do gás não convencional na Argentina. E a América do Sul retomou então seu velho projeto de integração regional, agora sob a liderança brasileira, com a ampliação do Mercosul e a criação da Unasul.

Uma vez mais, entretanto, como na lenda de Penélope, o continente latino-americano desfez tudo de novo, depois da crise econômica internacional de 2008 e, em particular, depois da mudança da doutrina estratégica dos Estados Unidos, com o governo de Donald Trump, que patrocina golpes de Estado e governos ultraliberais ao mesmo tempo que pratica – paradoxalmente – o protecionismo e o nacionalismo econômico *in domo suo*. Mas parece que tudo está andando cada vez mais rápido, porque já existem fortes indícios de que a nova onda liberal será ainda mais breve do que a anterior, como é o caso – fora da América do Sul – da vitória de Lopez Obrador no México, e da enorme reação popular contra o governo ultraliberal de Mauricio Macri, na Argentina.

A Argentina, aliás, é o caso mais longevo e paradigmático dessa verdadeira "gangorra sul-americana". O programa econômico do governo de Macri, por exemplo, reproduz quase integralmente as ideias ultraliberais do economista Domingo Cavallo, que já haviam sido provadas nos governos de Carlos Menem (1989-1999) e de Fernando de La Rua (1999-2001), antes dos governos peronistas de Nestor Kirchner (2003-2007) e de Cristina Kirchner (2007-2015), que desembocaram, por sua vez, no retorno do liberalismo, com a vitória eleitoral de Maurício Macri em outubro de 2015. O apoio parlamentar de Macri permitiu que ele aprovasse, sem maiores problemas, as famosas reformas da Previdência e da legislação trabalhista, mantendo rigorosa política de austeridade fiscal e de privatizações do que ainda restava nas mãos do Estado argentino.

Apesar de tudo isso, a política econômica do Governo Macri tem produzido resultados desastrosos. Em 2018, a economia argentina sofreu uma queda de 2,5%, e em 2019 o PIB do país deverá ter outra queda de 3,1%, segundo as previsões mais otimistas. Com uma taxa de inflação de cerca de 46%, uma taxa de desemprego próxima dos 10%, e 32% da população abaixo da linha de pobreza, a Argentina se transforma pouco a pouco num país subdesenvolvido, coisa que nunca havia sido. Pelo contrário, no início do século XX, a Argentina era uma das seis economias mais ricas do mundo, e mesmo até a década de 1940 seguiu sendo o país mais rico e homogêneo de toda a América do Sul. E foi só depois dos anos de 1950 que a Argentina perdeu o impulso econômico da sua Idade de Ouro (1870-1930), enfrentando, desde então, um prolongado processo de fragmentação social e política cada vez mais profundo e radical, que avança na forma de um movimento pendular e repetitivo, que ora aponta na direção liberal, ora na direção do peronismo, mas com a destruição mútua, por cada uma das partes, na rodada anterior.

O Brasil entrou nessa mesma "gangorra", mas só a partir da crise econômica da década de 1980, que foi sucedida por três governos neoliberais, entre 1990 e 2002, e por três governos híbridos, mas mais próximos de um "desenvolvimentismo progressista", com forte viés de inclusão social e de afirmação da soberania internacional do país, entre 2003 e 2015. E voltou à agenda liberal depois do golpe de Estado de 2015/2016, de forma ainda mais radical do que no período de FHC, com a proposta econômica do Ministro Paulo Guedes e de sua equipe de velhos alunos da Escola de Chicago. Na verdade, sua reiterada defesa da necessidade de "destruir" completamente a herança desenvolvimentista lembra muito mais as posições do economista liberal Eugenio Gudin, defendidas no debate que manteve nos anos de 1940 com o empresário industrialista Roberto Simonsen, a respeito do papel "correto" do Estado, do mercado e do planejamento no desenvolvimento brasileiro.

Não há dúvida de que o Ministro Guedes e sua equipe colocam-se ao lado de Eugenio Gudin na sua defesa comum da "vocação primário-exportadora" da economia brasileira, o que significaria, nesta altura do século XXI, um verdadeiro salto para trás, para começar tudo de novo, com o objetivo, ou utopia, de transformar o Brasil numa imensa Nova Zelândia. Um projeto muito parecido com o dos presidentes paulistas da República Velha, e com o do governo argentino de Maurício Macri em anos mais recentes. A diferença é que hoje, no Brasil, essa agenda liberal aparece sustentada por uma aliança e um governo formado por militares da reserva de extrema-direita junto com várias seitas religiosas fundamentalistas, financiados pelas elites tradicionais, tutelados pela grande imprensa conservadora e sustentados, em última instância, pelo governo norte-americano.

Esse verdadeiro Frankenstein talvez explique por que o desastre brasileiro esteja acontecendo de forma mais rápida do que na Argentina, o que aumenta a probabilidade de que o Brasil acabe prisioneiro da mesma "gangorra" que condena o país vizinho, e a própria América do Sul, a fazer e desfazer a mesma coisa dezenas de vezes, praticamente sem sair do lugar – ou pior ainda, baixando cada vez mais de lugar. Com a diferença de que, se isto se repetir no Brasil, o processo de desintegração deverá ser muito mais rápido e perverso do que na Argentina, porque o Brasil parte de um nível de desigualdade e pobreza muito maior do que tinham nossos vizinhos no século passado. Neste caso, o mais provável é que o Brasil entre num longo processo de "estagnação secular e precoce" ou, o que é pior, numa prolongada depressão econômica, interrompida por pequenos "soluços expansivos", incapazes de conter o avanço da desintegração social, que deverá ser cada vez mais violenta e cruel com a imensa maioria da população brasileira, que é a mais pobre e desprotegida. De qualquer maneira, esse será o país que encontrarão pela frente, e será o desafio gigantesco dos novos governantes brasileiros que venham a ser eleitos em 2022, para substituir o atual capitão-presidente, ou qualquer outro personagem de extrema-direita que possa vir a ocupar seu lugar.

No entanto, o Brasil ainda não está condenado a repetir a "gangorra argentina", nem precisa necessariamente recorrer ao seu mesmo modelo desenvolvimentista do passado. No caso de vitória de alguma coalizão de forças progressistas, é muito difícil antecipar desde já as medidas de política econômica que deveriam ser implementadas para afastar o país do caos. Mas uma coisa é óbvia: com as dimensões e a heterogeneidade do Brasil, é uma completa sandice propor uma "refundação neozelandesa" de um país que tem todas as condições de "construir um caminho alternativo dentro da América do Sul, de alguma forma similar ao da economia norte-americana, que conseguiu combinar indústrias de alto valor agregado com a produção de alimentos e *commodities* de alta produtividade, sendo ao mesmo tempo autossuficiente do ponto de vista energético.

Para tanto, antes de mais nada, o Brasil terá que mudar radicalmente sua postura internacional, em particular com relação aos Estados Unidos, que se considera com pleno direito ao exercício de sua soberania em todo o "hemisfério ocidental". Ou seja, do nosso ponto de vista, a luta por um novo projeto de desenvolvimento para o Brasil terá que começar por uma nova estratégia de poder internacional. Mas se este for o caminho escolhido pelos brasileiros, não há como se enganar: os novos governantes eleitos em 2022 terão que colocar uma pá de cal em cima da vergonhosa política externa deste governo de extrema-direita, e começar um novo tipo de relacionamento com os Estados Unidos, que será sempre, ao mesmo tempo, de complementaridade, competição e conflito, sobretudo dentro da América do Sul, e com relação aos fluxos e recursos do Atlântico Sul.

De qualquer forma, e em qualquer caso, o fundamental é que o novo governo brasileiro se oriente sempre, e em primeiro lugar, pela bússola de seus próprios objetivos sociais, econômicos e geopolíticos, conscientes de que terão pela frente um caminho muito estreito e complicado, e que esse caminho tomará muito tempo para se consolidar. Ao mesmo tempo, deve ter a certeza de que esse é o tempo que todos os grandes países levaram para construir seu próprio futuro sem ser humilhados e sem ter que envergonhar-se, jamais, de si mesmo e do seu passado.

Junho de 2019.

## 2.13
# Onde estamos e para onde vamos?
*Uma "potência acorrentada"*

> *Em qualquer momento da história é possível acovardar-se e submeter-se; mas, atenção, porque o preço das humilhações será cada vez maior e insuportável para a sociedade brasileira.*
> FIORI, J.L. *História, estratégia e desenvolvimento.* São Paulo: Boitempo, 2014, p. 277.

Fatos são fatos: na segunda década do século XXI, o Brasil ainda é o país mais industrializado da América Latina e a oitava maior economia do mundo; possui um Estado centralizado, uma sociedade altamente urbanizada e é o principal *player* internacional do continente sul-americano. Apesar de sua situação atual, absolutamente desastrosa, segue sendo um dos países com maior potencial pela frente, se tomarmos em conta seu território, sua população e sua dotação de recursos estratégicos.

Mais do que isto: goste-se ou não, entre 2003 e 2014, o Brasil teve uma política externa que procurou aumentar seus "graus de soberania" frente às "grandes potências" e no sistema internacional como um todo, através de alianças estabelecidas fora do continente americano, sobretudo no caso da criação do grupo econômico do Brics, obedecendo a uma estratégia internacional de longo prazo, definida e exposta em documentos oficiais que foram aprovados pelo Congresso Nacional[27]. Seu objetivo explícito era aumentar e projetar a influência diplomática e o poder político e econômico do Brasil no seu "entorno estratégico", incluindo América do Sul, África Subsaariana Ocidental, Antártida e a própria Bacia do Atlântico Sul.

O Brasil já havia ingressado no pequeno grupo dos estados e economias nacionais que exercem liderança dentro de suas próprias regiões, e era necessário começar a atuar como uma potência em ascensão, porque dentro desse grupo

---

27. O Plano Nacional de Defesa (PND) e a Estratégia Nacional de Defesa (END), aprovados pelo Congresso Nacional em 2005 e 2008, respectivamente.

existe uma lei de ferro: "quem não sobe, cai". Por isso mesmo, já naquele momento, o país começou a experimentar as consequências de sua nova postura, ingressando num novo patamar de competição, cada vez mais feroz, com países que lutam entre si permanentemente para galgar novas posições na hierarquia do poder e da riqueza mundial.

Este foi um momento crucial da história recente do Brasil: para seguir em frente e aproveitar aquela oportunidade estratégica, era indispensável a consolidação de uma coalizão de poder interna, sólida, homogênea e decidida, com capacidade efetiva de aproveitar as brechas e avançar com decisão nos momentos oportunos. Havia que olhar para a frente e pensar grande, para não se amedrontar nem ser atropelado pelos concorrentes e pela própria história. Mas em todo momento as portas sempre estiveram abertas, e sempre foi possível acovardar-se e recuar, apesar de que o preço do recuo fosse cada vez maior.

Foi exatamente isto que aconteceu: uma parte da elite civil e militar, e da própria sociedade brasileira, decidiu recuar e pagar o preço de sua decisão. Optaram pelo caminho do golpe de Estado, e depois redobraram sua aposta, numa coalizão formada às pressas, que culminou com a instalação de um governo "paramilitar" e de extrema-direita, que está se propondo a mudar radicalmente o rumo da política externa do Brasil, com o abandono de algumas posições tradicionais do Itamaraty e a denúncia raivosa da política externa seguida pelo país entre 2003 e 2014. Tudo isso em nome de uma cruzada contra uma espécie de ectoplasma que eles chamam de "marxismo cultural", que foi inventado pela ultradireita norte-americana; e em nome da "salvação da civilização judaico-cristã", segundo o novo chanceler brasileiro, que acumula asnices diárias que são objeto da risota mundial.

Foi assim que, logo de partida, o novo governo apoiou a intervenção militar na Venezuela, que havia sido anunciada pelos Estados Unidos, que acabou se transformando numa "invasão humanitária" e um gigantesco fracasso, representando uma humilhação para o Itamaraty. Este acabou sendo alijado – pela primeira vez na história da América do Sul – de uma negociação fundamental para o continente, que foi realizada na Noruega, entre o governo e a oposição venezuelanos. Simultaneamente, o novo governo se propõe a levar à frente, de forma rápida e atabalhoada, uma desmontagem "selvagem" – do tipo que foi feita na Rússia dos anos de 1990 – de todos os principais instrumentos estatais de proteção e defesa da população, do território e dos recursos naturais, industriais e tecnológicos brasileiros.

Existe, no entanto, uma coisa que chama a atenção no meio da balbúrdia: o fato de não existir ninguém dentro desse novo governo que consiga dizer minimamente qual é o seu projeto para o Brasil. Qual é, afinal, seu objetivo para o país, no médio e longo prazos? O núcleo central do governo simplesmente não fala, nem pensa, só agride e repete frases de efeito. Os militares aposentados que estão no governo – da chamada "geração Haiti" – dão murros, esbravejam, ficam apopléticos, e quando falam, os que falam, costumam dizer coisas desconexas e inoportunas. Os religiosos fundamentalistas recitam versículos bíblicos, e parece que vivem cegados por suas obsessões sexuais. Os juízes e procuradores que participaram do golpe de Estado e da "operação Bolsonaro", parece que só falam entre si e com seus tutores norte-americanos, não conseguindo enxergar um palmo além do seu nariz provinciano. E por fim, os financistas e tecnocratas de Chicago, amigos do ministro da Economia, não conhecem o Brasil nem os brasileiros, e parecem robôs de uma ideia só. Mesmo assim, é possível deduzir o que está na cabeça daqueles que efetivamente financiaram e seguem tutelando esse verdadeiro bando de indigentes mentais, a partir dos artigos e manifestações que aparecem em seus jornais e revistas periódicas.

Durante a República Velha, as oligarquias agrárias e as elites financeiras brasileiras sempre admiraram e invejaram o sucesso do modelo "primário-exportador" argentino de integração com a economia inglesa, bem-sucedido durante a segunda metade do século XIX. E mesmo depois da crise de 1930 e da Segunda Guerra Mundial, muitas lideranças políticas e empresariais, e muitos economistas, como Eugenio Gudin, seguiram defendendo esse modelo para o Brasil, mesmo quando a Argentina já tivesse entrado em crise e iniciado seu longo declínio, que chega até nossos dias. Basta dizer que, em pleno período desenvolvimentista, Roberto Campos, que foi presidente do BNDES e ministro do governo militar de 1964, chegou a dizer em algum momento que seu sonho seria fazer do Brasil um grande Canadá. O mesmo sonho que ainda embala a cabeça dos empresários e banqueiros que financiaram e que ainda sustentam o Senhor Guedes dentro do governo do Capitão Bolsonaro. Sua proposta e sua agenda foram sempre as mesmas, e seguem sendo repetidas como uma ladainha religiosa: é necessário abrir, desregular, privatizar e desindustrializar a economia brasileira, para radicalizar o velho modelo argentino e alcançar um novo estatuto nas relações do Brasil com os Estados Unidos e com a União Europeia. Um estatuto parecido com o dos velhos *Domínios* da Grã-Bretanha, como foi o caso exatamente do Canadá, mas também da Austrália e da Nova Zelândia, até avançado século XX. Territórios que gozavam de uma condição diferente das demais colônias britânicas, porque mantinham seus governos e sua vida política interna autônomas, mas tinham sua economia, sua defesa e sua política externa controladas pela Inglaterra.

Este é hoje, sem dúvida, o projeto e a utopia dos segmentos da elite econômica brasileira que decidiram apostar seu futuro nesse governo, que já se transformou numa verdadeira excrescência histórica. Um projeto que não é "teoricamente" impossível, mas que enfrentaria grandes obstáculos reais, situados dentro e fora do país. O Brasil é um país continental, com uma população desigual e muitas vezes superior à dos velhos domínios britânicos, com uma economia muito mais desenvolvida e heterogênea, e com grupos de interesse poderosos e que serão literalmente destruídos, caso avance o projeto ultraliberal. Por outro lado, os Estados Unidos praticam uma política econômica altamente protecionista e não se submeterão jamais a nenhum tipo de acordo que prejudique seus "interesses estratégicos". Muito menos ainda, assumiriam a responsabilidade da tutela econômica de um país com as dimensões do Brasil, sob um governo absolutamente caótico, e com uma economia agroexportadora que compete com a americana e, em particular, com os grupos do meio-oeste que foram essenciais para a vitória eleitoral de Donald Trump.

Há ainda outra dimensão desse *"Projeto Dominium"*: a troca da condição de aliado militar regional, que o Brasil sempre ocupou no século XX, pela condição de "protetorado militar" dos Estados Unidos: um território autônomo que abre mão de ter sua própria política de defesa e de segurança nacional, em troca da proteção militar de um Estado mais forte, neste caso, dos Estados Unidos. Aceitou obrigações que podem variar muito, dependendo da natureza do seu relacionamento com seu protetor, e também de sua localização geográfica e geopolítica dentro do sistema internacional. Isto já aconteceu, de certa forma, no caso da participação brasileira ao lado dos Estados Unidos, na invasão de Santo Domingo, em 1964. Mas em nenhum momento do século passado soldados brasileiros ocuparam posições na hierarquia interna de um comando militar regional dos Estados Unidos, como estão propondo fazer agora. Nem tampouco, no século passado, sequer cogitou-se a abertura de bases militares estrangeiras no território brasileiro. Nesse sentido, existe uma grande diferença que precisa ser sublinhada, porque o projeto econômico do *Dominium* tropeça com obstáculos materiais e interesses de grupos que são reais e muito pesados.

O projeto do "protetorado militar" é perfeitamente viável do ponto de vista material e conta com a simpatia das Forças Armadas norte-americanas; depende, no entanto, de uma decisão soberana da sociedade e do Estado brasileiro, e não apenas das Forças Armadas. E tal decisão tem limites jurídicos e morais, políticos e constitucionais, até porque quem financia a existência das Forças Armadas é o povo brasileiro, com o objetivo de que cuide de sua soberania, nos termos da sua Constituição. Não cabe moralmente a um governo, por mais direitista que seja, exigir que suas Forças Armadas se submetam ao comando de outro Estado que não seja o brasileiro.

Em síntese, do ponto de vista econômico, se o Brasil levar à frente, a "ferro e fogo", seu projeto de autotransformação em um *Dominium*[28], deverá destruir

---

28. Como parece ser o caso, depois da assinatura do Acordo do Mercosul com a União Europeia, que ocorreu no momento exato em que já tínhamos concluído este artigo. Mas os primei-

quase tudo que foi feito nos últimos 90 anos da história da industrialização brasileira – com a participação decisiva dos militares do passado – e deverá se transformar numa "periferia de luxo" das grandes potências, garantindo-lhes o fornecimento de alimentos, de minerais estratégicos e de petróleo, além de suas reservas biológicas da Amazônia. Mas se, além disso, o atual governo também levar à frente seu projeto de "protetorado militar", estará acorrentando a nação e submetendo suas Forças Armadas, e o próprio povo, à humilhação de bater continência para a bandeira de outro povo, e de outro Estado nacional. Uma traição que deixará sua marca na história do Brasil, causando um dano irreparável à autoestima do povo brasileiro, a menos que ele se levante e volte a caminhar com suas próprias pernas.

Quando essa hora chegar, entretanto, será fundamental que se tomem algumas decisões fundamentais, e que se tenha em mente um novo projeto de longo prazo para o país, capaz de se sustentar com seus próprios apoios internos, sem recuar nem esmorecer. Lembrando sempre que todos os povos que conseguiram superar grandes catástrofes, para chegar a ser grandes nações, tiveram primeiro que desacorrentar as próprias mãos e assumir o controle de sua soberania, para poder definir seus objetivos e construir o seu próprio futuro.

2 de julho de 2019.

---

ros cálculos já indicam, como consequência de um acordo feito por um governo desqualificado internacionalmente, queda de 7% da participação industrial no produto nacional, junto com a criação de mais três milhões de desempregados nos próximos quatro ou cinco anos.

## 2.14
# O ditador, sua "obra" e o grande blefe do Senhor Guedes

> *Bem antes das urnas eletrônicas, o Brasil viu um rinoceronte conquistar 100 mil votos, e um chimpanzé chegar aos 400 mil. Nasceu assim, em 1959, o voto protesto, que colocou o Rinoceronte Cacareco como vereador de São Paulo. Anos depois, em 1988, o Macaco Tião ficou em terceiro na disputa pela prefeitura do Rio de Janeiro.*
> *IG São Paulo, 21/09/2014 [Disponível em https://ultimosegundo.ig.com.br].*

É comum entre os economistas neoliberais elogiar o Chile e considerá-lo um modelo econômico que deve ser imitado. Mais do que isto, no Brasil do Capitão Bolsonaro, é costume elogiar a ditadura do General Augusto Pinochet (1973-1990), que concedeu um poder quase absoluto a um grupo de jovens economistas – liderados pelo superministro Sergio de Castro – para aplicar, ainda na década de 1970, o primeiro grande "choque neoliberal" do mundo. Este transformou o Chile num verdadeiro "laboratório de experimentação" e uma espécie de "modelo de exportação" e propaganda das políticas e reformas liberais defendidas pela "Escola de Chicago", que era o templo mundial do ultraliberalismo econômico naquela época. No entanto, a verdadeira história dessa "experiência econômica" chilena costuma ser falsificada, para induzir uma comparação que é inteiramente espúria, e um engodo que é inteiramente ideológico. Senão vejamos, ainda que de forma extremamente sintética, alguns dados importantes dessa história, começando por algumas informações mais elementares, porém indispensáveis para quem se proponha a fazer comparações entre economias e entre países.

No dia do golpe de Estado que derrubou o Presidente Salvador Allende – 11 de setembro de 1973 –, o Chile tinha apenas 10 milhões de habitantes, cerca de 1/21 da população brasileira, e tinha um PIB de U$ 16,85 bilhões, uma partícula de 1/130 do PIB brasileiro atual. O Chile não possuía petróleo nem autonomia energética, estava longe da autossuficiência alimentar e, além disso, não tinha indústria pesada, nem dispunha de setor produtivo estatal relevante que não fosse na indústria do cobre.

A economia chilena era quase inteiramente dependente da produção do cobre, e além deste, só exportava madeira, frutas, peixes e vinhos. Ou seja, dependia inteiramente de suas importações de petróleo e derivados, produtos químicos, materiais elétricos e telecomunicações, máquinas industriais, veículos, gás natural e alimentos, quase tudo que era essencial para a reprodução simples da sociedade chilena. Por fim, o Chile era um país isolado, talvez o mais isolado do mundo, com pequena expressão demográfica e nenhuma relevância militar ou geopolítica que não fosse para a Argentina, na Patagônia, e para a Bolívia e o Peru, na região do Atacama.

Pois bem, foi nesse pequeno país, com características econômicas, demográficas e geopolíticas extremamente simples, que se utilizou pela primeira vez o pacote das tais reformas que depois viraram um "mantra" repetido pelos governos neoliberais em todo o mundo: flexibilização ou precarização do mercado de trabalho; privatização do setor produtivo estatal; abertura e desregulação de todos os mercados – em particular, do mercado financeiro; abertura comercial radical e fim de todo tipo de protecionismo; privatização das políticas sociais de saúde, educação e previdência; e finalmente, privatização inclusive dos serviços públicos mais elementares – tipo água, esgoto, e fornecimento de energia e gás.

No caso do Chile, esse programa foi aplicado durante os 17 anos da ditadura militar, sem enfrentar nenhum tipo de oposição política ou parlamentar, e com total apoio de um ditador que assassinou 3.200 opositores, prendeu e torturou 38 mil pessoas e obrigou ao exílio mais de 100 mil chilenos. Para não falar do fato de que, de 1973 a 1985, o governo militar impôs "toque de recolher", ou "*toque de queda*", das 10 horas da noite às 6 horas da manhã, valendo para todos os chilenos, e não apenas para 30 ou 40 portadores de tornozeleiras eletrônicas. Ou seja, durante 12 anos toda a população chilena foi obrigada a ficar fechada em suas casas, todas as noites, como se estivesse internada num campo de concentração, e se alguém fosse surpreendido na rua no horário proibido, podia ser preso ou fuzilado, sem direito de apelação. No entanto, apesar de tudo isso, os resultados econômicos das políticas e reformas neoliberais dos "Chicago Boys" do ditador Pinochet foram absolutamente medíocres, para não dizer que foram catastróficas, ao contrário do que pensa o "superministro" de Economia do capitão, e do que diz toda a imprensa conservadora.

Para entender esse blefe ou engodo, vejamos alguns fatos e números mais importantes, para não cansar os que não gostam muito de cifras e estatísticas econômicas e sociais. Mas antes de entrar nos números, é fundamental que os leitores separem o que foi a história da ditadura, entre 1973 e 1990, daquilo que ocorreu depois do fim da ditadura, entre 1990 e 2019. Além disso, dentro da história econômica da ditadura, é necessário distinguir dois grandes períodos: o primeiro, que foi de 1973 a 1982; e o segundo, de 1982 até 1990.

Pois bem, foi no primeiro período econômico da ditadura que os "Chicago Boys" do General Pinochet aplicaram seu grande choque neoliberal, que culminou com uma crise catastrófica, em 1982, e obrigou o governo militar a estatizar o sistema bancário chileno, demitir o superministro da Economia e reverter várias das reformas que haviam sido feitas. Como aconteceu, por exemplo, com a volta atrás da desregulamentação do setor financeiro e da própria política cambial que vinha sendo praticada pelo Banco Central do Chile. Para que se tenha uma ideia da magnitude desse desastre neoliberal, basta dizer que, em 1982, o PIB chileno caiu 13,4%, o desemprego chegou a 19,6% e 30% da população chilena se tornou dependente dos programas de assistência social que foram criados *ad hoc* para enfrentar a crise. E assim mesmo, quatro anos depois, já em 1986, o PIB *per capita* chileno ainda era de apenas US$ 1.525, inferior ao patamar que havia alcançado em 1973.

No final da ditadura, o PIB real *per capita* médio do Chile havia crescido apenas 1,6% ao ano, resultado muito próximo da estagnação econômica, ao qual se deve somar uma taxa de 18% de desemprego, e de 45% da população situada abaixo da linha de pobreza. No ano de 1990, o PIB *per capita* médio dos chilenos, calculado com base na paridade do poder de compra, era de apenas US$ 4.590, inferior ao do Brasil, que naquele momento, depois da "década perdida" de 1980, ainda era de US$ 6.680. Considerar isso um "sucesso" é, no mínimo, um caso de desfaçatez intelectual, quando não de deslavada propaganda ideológica.

Agora, o que também nunca é dito pelos economistas neoliberais é que foi só depois do fim da ditadura, no período de quase 30 anos, entre 1990 em 2019, e em particular durante os 20 anos dos governos da "concertação" de centro-esquerda, formada por partidos de tendência social-democrata, que o PIB chileno de fato cresceu a uma taxa média de 7%, na década de 1990, e de aproximadamente 4,6% durante todo o período democrático que se seguiu. Foi então, e sob governos de centro-esquerda, que a renda média dos chilenos quintuplicou, alcançando o patamar atual dos US$ 25 mil, a maior da América Latina, enquanto o PIB chegava a US$ 455,9 bilhões, já no ano de 2017. Nesse período, os governos da concertação de centro-esquerda promoveram várias reestruturações tributárias que permitiram aumentar o investimento social do Estado, com a criação do seguro-saúde universal, o seguro-desemprego e o Pilar da Solidariedade. Como consequência, a presença do Estado chileno voltou a crescer, sobretudo nas áreas de infraestrutura e políticas sociais de proteção, saúde e educação. E quando os analistas falam de um "milagre chileno", referem-se a esse período democrático, sobretudo aos governos de centro-esquerda que lograram reduzir o desemprego deixado pela ditadura, de 18% para 6 ou 7% em média, reduzindo a população situada abaixo da linha de pobreza, de 45 para 11%, o que transformou o Chile no país com o mais alto IDH da América Latina, e o 38º na escala mundial.

Por fim, pouco a pouco, o legado mais dramático deixado pelas políticas e reformas neoliberais dos "Chicago Boys" do General Pinochet vem sendo revertido, como já aconteceu com a nova legislação trabalhista, que devolveu, pelo menos em parte, o poder de negociação que os sindicatos chilenos haviam perdido durante a ditadura militar. Além disso, os governos de centro-esquerda aumentaram significativamente os gastos públicos em saúde, criando o "Sistema de Garantia Explícita", com o objetivo de expandir e universalizar sobretudo o Fonasa, o braço público do Sistema Nacional de Serviços de Saúde chileno.

No entanto, não há dúvida de que a reversão mais importante ocorreu no campo da educação, em particular no campo do ensino universitário. A maioria dos brasileiros ainda não sabe, nem muito menos o "moleque do Senhor Guedes" que oficia de ministro de Educação do capitão, que o fim da gratuidade do ensino superior decretada pela ditadura militar chilena, no início dos anos de 1980, acabou em janeiro de 2018, quando o Congresso Nacional chileno aprovou uma lei que restabeleceu a gratuidade universal do ensino universitário do país, incluindo todas as universidades, públicas e privadas, algo sem precedente na história acadêmica da América Latina.

A comemorada privatização e capitalização da Previdência Social, criada pelos "Chicago Boys" do General Pinochet, na verdade se transformou em um pesadelo para a maioria dos aposentados e idosos chilenos. Ao contrário do que propaga o Senhor Guedes e seus apaniguados, a média das aposentadorias chilenas é hoje de 33% do salário recebido pelo trabalhador antes de se aposentar, e 91% da população aposentada recebe em média a ridícula quantia de US$ 200 ao mês, o que obriga 60% dos pensionistas a receber um complemento estatal, aprovado pelo Governo Bachelet em 2008, para poder sobreviver. Por isso talvez o Chile tenha hoje uma das maiores taxas de suicídio de idosos em todo mundo, e uma pesquisa de opinião pública, aplicada em 2018 – do Cadem – constatou que 88% da população chilena está insatisfeita e quer reverter e mudar o sistema atual de capitalização de Previdência.

Por fim, cabe sublinhar que, mesmo durante a ditadura militar, jamais foi cogitada a privatização do cobre e da Codelco, a única grande empresa estatal chilena, e a maior empresa produtora de cobre do mundo.

Resumindo nosso argumento:

i) Os resultados econômicos da ditadura do General Pinochet e dos seus "Chicago Boys" foram economicamente medíocres e socialmente catastróficos.

ii) O verdadeiro "milagre chileno" – se é que houve – ocorreu depois da ditadura, no período democrático, em particular durante os governos de centro-esquerda naquele país na maior parte do período entre 1990 e 2019. E é uma perfeita asnice intelectual atribuir a estabilidade macroeconômica chilena atual ao "banho de sangue" promovido pelo General Pinochet entre 1973 e 1990.

Mas apesar de que seja uma verdadeira aberração lógica comparar a economia brasileira com a chilena, a experiência do Chile pode servir de advertência às lideranças políticas, sociais e econômicas brasileiras, que não queiram repetir no Brasil a tragédia do "fascismo de mercado" do ditador Augusto Pinochet, uma das grandes excrescências humanas do século XX.

Ainda é tempo de impedir que o fanatismo ideológico do Senhor Guedes destrua 90 anos de história da economia brasileira, para atender ao interesse de um pequeno grupo de banqueiros, financistas e agroexportadores, passando por cima do interesse do "resto" da sociedade brasileira.

Agosto de 2019.

## 2.15
# O modelo russo do Senhor Guedes

> Em conjunto, todo o petróleo que as grandes empresas petroleiras privadas produzem por sua conta equivale a menos de 15% da oferta mundial total. Mais de 80% das reservas mundiais são controladas por governos e suas empresas nacionais de petróleo. Das vinte maiores empresas de petróleo do mundo, 15 são estatais. Consequentemente, muito do que ocorre com o petróleo é resultado de decisões que, quaisquer que sejam, são tomadas por governos.
> YERGIN, D. *O petróleo – Uma história mundial de conquistas, poder e dinheiro*. Rio de Janeiro: Paz e Terra, 2009, p. 895.

No dia 25 de dezembro de 1991, a União Soviética foi dissolvida, e durante a década de 1990 uma coalizão de poder formada por uma máfia de políticos corruptos e um grupo de economistas e tecnocratas ultraliberais liderados por um alcoólatra inveterado conseguiu destruir – em apenas uma década – o Estado e a economia da segunda maior potência do mundo. Submeteram a política externa da Rússia aos ditames dos Estados Unidos e do G7, abandonaram qualquer pretensão russa à condição de "grande potência", permitiram a desorganização de suas Forças Armadas e sucatearam seu arsenal atômico. Em seguida, levaram a cabo uma das experiências mais radicais de aplicação das políticas e reformas neoliberais concebidas nas últimas décadas do século XX. Ainda em 1991, e antes do fim da URSS, Boris Yeltsin já havia encomendado a seu ministro ultraliberal, Yegor Gaidar, a elaboração de um plano de "transição" que foi executado com a ajuda de vários economistas e banqueiros estrangeiros que já tinham participado da "liberalização econômica" da Polônia. A "ponte para o futuro" encomendada por Yeltsin baseava-se em quatro "reformas" fundamentais: controle do gasto fiscal; desregulação dos mercados, em particular do mercado de trabalho; liberação dos preços; e privatização do setor público, em especial da indústria energética.

O ataque neoliberal foi muito rápido. Para que se tenha uma ideia, em apenas três anos foram privatizadas cerca de 70% de todas as empresas estatais russas, enquanto que a abertura e a desregulação dos mercados, assim como a liberação dos preços aconteceram de forma quase instantânea. Como resultado dessa "pressa neoliberal", em apenas oito anos o investimento total da economia russa caiu 81%, a produção agrícola despencou 45% e o PIB russo caiu mais do que 50% em relação ao seu nível de 1990. Paralelamente, a quebra generalizada da indústria provocou aumento gigantesco do desemprego, acompanhado de perda de 58% nos salários, enquanto o número de pobres crescia de 2% para 39%, e o coeficiente de Gini saltava de 0,2333 em 1990 para 0,401 em 1999. Essa verdadeira destruição explica, em grande medida, a inflexão estratégica russa que começou em 2001, com o fortalecimento do Estado, a reorganização das Forças Armadas e a retomada da indústria do petróleo e de todo o setor energético. A estatização da empresa petroleira Yukos, em 1993, foi o pontapé inicial da remontagem do setor produtivo estatal, por meio de suas grandes empresas de produção, transporte/distribuição e exportação de gás e petróleo.

Com a ajuda dos preços internacionais do petróleo e do gás, a economia russa se recolocou de pé e passou a crescer a uma taxa média anual de 7% entre os anos de 2000 a 2010, e seguiu crescendo, ainda que a taxas menores, até a crise da Ucrânia em 2014. Nesses anos de bonança, o Estado russo transformou seu setor de petróleo e gás no principal instrumento de reconstrução da economia nacional, aproveitando a grande necessidade energética da Europa Ocidental e da China.

Em 15 anos, a Rússia conseguiu reconquistar sua condição de grande potência europeia e uma das maiores potências mundiais. As sanções econômicas impostas ao país pelas "potências atlânticas" a partir de 2014, e até os dias de hoje, trarão problemas inevitáveis para a economia, mas tudo indica que já não conseguirão alterar o rumo estratégico que a Rússia definiu para si mesma, voltada para a reconquista de sua soberania econômica e militar destruída na década de 1990. De qualquer maneira, a experiência russa dos últimos 15 anos aponta numa dupla direção:

i) Em países extensos e com grande desigualdade social e territorial, as políticas e reformas neoliberais costumam ter efeito imediato e desastroso, do ponto de vista econômico, e catastrófico, do ponto de vista social.

ii) Em países que dispõem de grandes reservas de petróleo ou gás, é necessário e possível recomeçar a reconstrução de uma economia nacional a partir da indústria do petróleo, transformando-a no eixo dinâmico de uma estratégia global que envolva e direcione o capital nacional e internacional.

Com certeza, a história não se repete nem pode ser transformada em receita, mas pode cumprir uma função pedagógica, e neste caso a experiência russa ensina que ainda é possível refazer o Brasil depois da destruição a que ele está sendo submetido pelo fanatismo neoliberal.

Maio de 2018.

## 2.16
## Conspiração e corrupção: uma hipótese muito provável[29]

É comum falar de "teoria da conspiração" toda vez que alguém revela ou denuncia práticas ou articulações políticas "irregulares", ocultas do grande público, e que só são conhecidas pelos *insiders*, ou pelas pessoas mais bem-informadas. E quase sempre que se usa esta expressão, é com o objetivo de desqualificar a denúncia que foi feita, ou a própria pessoa que tornou público o que era para ficar escondido, na sombra ou no esquecimento da história.

No entanto, em termos mais rigorosos, não existe nenhuma "teoria da conspiração". O que existe são "teorias do poder", e "conspiração" é apenas uma das práticas mais comuns e necessárias de quem participa da luta política diária pelo próprio poder. Essa distinção conceitual é muito importante para quem se proponha a analisar a conjuntura política nacional ou internacional, sem receio de ser acusado de "conspiracionista". E é um ponto de partida fundamental para a pesquisa que propomos realizar, sobre qual tenha sido o verdadeiro papel do governo norte-americano no golpe de Estado de 2015/2016, e na eleição do Capitão Bolsonaro" em 2018.

Neste caso, não há como não seguir a trilha da chamada "conspiração", que culminou com a ruptura institucional e a mudança do governo brasileiro. Nossa hipótese preliminar é que a história dessa conspiração começou na primeira década do século XXI, durante o *"mandarinato"* do vice-presidente americano Dick Cheney, apesar de que ela tenha adquirido outra direção e velocidade a partir da posse de Donald Trump, e da formulação de sua nova "estratégia de segurança nacional", em dezembro de 2017.

---

29. Este texto foi escrito em coautoria com William Nozaki, professor da Fundação Escola de Sociologia e Política de São Paulo (FESPSP) e diretor-técnico do Instituto de Estudos Estratégicos do Petróleo, Gás e Biocombustíveis (Ineep).

No início houve surpresa, mas hoje todos já entenderam que a nova estratégia abandonou os antigos parâmetros ideológicos e morais da política externa dos Estados Unidos, de defesa da democracia, dos direitos humanos e do desenvolvimento econômico, e assumiu de forma explícita o projeto de construção de um império militar global, com a fragmentação e multiplicação dos conflitos e a utilização de várias formas de intervenção externa, nos países que se transformam em alvos dos norte-americanos. Seja por meio da manipulação inconsciente dos eleitores e da vontade política dessas sociedades; seja por meio de novas formas "constitucionais" de golpes de Estado; seja por meio de sanções econômicas cada vez mais extensas e letais, capazes de paralisar e destruir a economia nacional dos países atingidos; seja, finalmente, por meio das chamadas "guerras híbridas", que visam destruir a vontade política do adversário, utilizando a informação mais do que a força, sanções mais do que bombardeios, e desmoralização intelectual dos opositores mais do que a tortura.

Desse ponto de vista, é interessante acompanhar a evolução dessas propostas nos próprios documentos americanos, nos quais são definidos os objetivos estratégicos do país e suas principais formas de ação. Assim, por exemplo, no *Manual de treinamento das forças especiais americanas preparadas para guerras não convencionais*, publicado pelo Pentágono em 2010, já está dito explicitamente que "o objetivo dos Estados Unidos nesse tipo de guerra é explorar as vulnerabilidades políticas, militares, econômicas e psicológicas de potências hostis, desenvolvendo e apoiando forças internas de resistência para atingir os objetivos estratégicos dos Estados Unidos". Com o reconhecimento de que "em um futuro não muito distante, as forças dos Estados Unidos se engajarão predominantemente em operações de guerra irregulares"[30].

Essa orientação foi explicitada de maneira ainda mais clara no documento no qual se define, pela primeira vez, a nova Estratégia de Segurança Nacional dos Estados Unidos do governo de Donald Trump, em dezembro de 2017. Ali se pode ler, com todas as letras, que o "combate à corrupção" deve ter lugar central na desestabilização dos governos dos países que sejam "competidores" ou "inimigos" dos Estados Unidos[31]. A proposta é detalhada no novo documento sobre a Estratégia de Defesa Nacional dos Estados Unidos, publicado em 2018, no qual

---

30. U.S. DEPARTMENT OF ARMY. *U.S. Army Special Forces Unconventional Warfare Training Manual*. Headquarters, Washington D.C., 2010 [Disponível em https://publicintelligence.net/u-s-army-special-forces-unconventional-warfare-training-manual-november-2010/ – Acesso em 22/07/2019].

31. U.S. DEPARTMENT OF DEFENSE. *National Security Strategy*. Washington D.C., 2017 [Disponível em https://www.whitehouse.gov/wp-content/uploads/2017/12/NSS-Final-12-18-2017-0905.pdf – Acesso em 22/07/2019].

se pode ler que "uma nova modalidade de conflito não armado tem tido presença cada vez mais intensa no cenário internacional, com o uso de práticas econômicas predatórias, rebeliões sociais, *cyber*-ataques, *fake news*, métodos anticorrupção"[32].

É importante destacar que nenhum desses documentos deixa a menor dúvida de que todas as novas formas de "guerra não convencional" devem ser utilizadas – prioritariamente – contra os estados e as empresas que desafiem ou ameacem os objetivos estratégicos dos Estados Unidos.

Agora bem, neste ponto da nossa pesquisa, cabe formular a pergunta fundamental: quando foi – na história recente – que o Brasil entrou no radar das novas normas de segurança e defesa dos Estados Unidos? E aqui cabem muitas decisões tomadas pelo Brasil, sobretudo depois de 2003, como sua política externa soberana, sua liderança autônoma do processo de integração sul-americano, ou mesmo a participação no bloco econômico do Brics, liderado pela China. E não há a menor dúvida de que a descoberta das reservas de petróleo do pré-sal, em 2006, foi o momento decisivo em que o Brasil mudou de posição na agenda geopolítica dos Estados Unidos. Basta ler o *Blueprint for a Secure Energy Future*, publicado em 2011, pelo governo de Barack Obama, para ver que naquele momento o Brasil já ocupava posição de destaque em três das sete prioridades estratégicas da política energética norte-americana: (i) como uma fonte de experiência para a produção de biocombustíveis; (ii) como um parceiro fundamental para a exploração e produção de petróleo em águas profundas; e (iii) como um território estratégico para a prospecção do Atlântico Sul[33].

A partir daí, não é difícil rastrear e conectar alguns acontecimentos, sobretudo a partir do momento em que o governo brasileiro promulgou – em 2003 – sua nova política de proteção dos produtores nacionais de equipamentos, com relação aos antigos fornecedores estrangeiros da Petrobras, como era o caso, por exemplo, da empresa norte-americana Halliburton, maior empresa mundial em serviços em campos de petróleo e uma das principais fornecedoras internacionais de sondas e plataformas marítimas – que havia sido dirigida, até os anos de 2000, pelo mesmo Dick Cheney que viria a ser o vice-presidente mais poderoso da história dos Estados Unidos entre 2001 e 2009.

---

32. U.S. DEPARTMENT OF DEFENSE. *National Defense Strategy*. Washington D.C., 2018 [Disponível em https://dod.defense.gov/Portals/1/Documents/pubs/2018-National-Defense-Strategy-Summary.pdf – Acesso em 22/07/2019].

33. U.S. DEPARTMENT OF ENERGY. *Blueprint for a Secure Energy Future*. Washington D.C., 2011 [Disponível em https://obamawhitehouse.archives.gov/issues/blueprint-secure-energy-future – Acesso em 22/07/2019].

Odebrecht, OAS e outras grandes empresas brasileiras entraram nessa história a partir de 2003, exatamente no lugar das grandes fornecedoras internacionais que perderam lugar no mercado brasileiro. Cabe lembrar aqui que a complexa negociação entre a Halliburton e a Petrobras[34], em torno da compra e entrega das plataformas P43 e P48, envolvendo 2,5 bilhões de dólares[35], começou na gestão de Dick Cheney e se estendeu até 2003/2004, com a participação do gerente de Serviços da Petrobras na época, Pedro José Barusco, que se transformaria depois no primeiro delator conhecido da Operação Lava-Jato[36].

Nesse ponto, aliás, seria sempre muito bom lembrar a famosa tese de Fernand Braudel, o maior historiador econômico do século XX, de que "o capitalismo é o antimercado" – ou seja, um sistema econômico que acumula riquezas por meio da conquista e preservação de monopólios, utilizando-se de todo e qualquer meio que esteja ao seu alcance. Ou ainda, traduzindo em miúdos o argumento de Braudel: o capitalismo não é uma organização ética nem religiosa, e não tem nenhum compromisso com qualquer tipo de moral privada ou pública que não seja a da multiplicação dos lucros e a da expansão contínua de seus mercados. E isto é que se pode observar, mais do que em qualquer outro lugar, no mundo selvagem da indústria mundial do petróleo, desde o início de sua exploração comercial, desde a descoberta de seu primeiro poço pelo "coronel" E.L. Drake, na Pensilvânia, em 1859.

Voltando ao eixo central da nossa pesquisa e de nosso argumento, é bom lembrar que o mesmo Dick Cheney que vinha do mundo do petróleo e teve papel decisivo como vice-presidente de George W. Bush, foi quem concebeu e iniciou a chamada "guerra ao terrorismo", conseguindo o consentimento do Congresso Americano para iniciar novas guerras, mesmo sem aprovação prévia do parlamento; e o que é mais importante, para nossos efeitos, conseguiu aprovar o direito de acesso a todas as operações financeiras do sistema bancário mundial, praticamente sem restrições, incluindo o velho segredo bancário suíço e o sistema de pagamentos europeus, o Swift.

Por isso, aliás, não é absurdo pensar que tenha sido por esse caminho que o Departamento de Justiça norte-americano tenha tido acesso às informações financeiras que depois foram repassadas às autoridades locais dos países que os Estados Unidos se propuseram a desestabilizar com campanhas seletivas "contra a corrupção". No caso brasileiro, pelo menos, foi depois desses acontecimentos

---

34. "Petrobras fecha negócio bilionário com Halliburton", 20/04/2004 [Disponível em www.dci.com.br].
35. "Os laços Petrobras Halliburton", 25/02/2004 [Disponível em www.istoedinheiro.com.br].
36. "Veja na íntegra a delação premiada de Pedro Barusco", 05/02/2015 [Disponível em https://politica.estadao.com.br].

que ocorreu o furto de informações geológicas sigilosas e estratégicas da Petrobras, em 2008, exatamente dois anos após a descoberta das reservas petrolíferas do pré-sal brasileiro, no mesmo ano em que os Estados Unidos reativaram sua IV Frota Naval de Monitoramento do Atlântico Sul. E foi no ano seguinte, em 2009, que começou o intercâmbio entre o Departamento de Justiça dos Estados Unidos e integrantes do Judiciário, do Ministério Público e da Polícia Federal brasileira para tratar de temas ligados à lavagem de dinheiro e "combate à corrupção", num encontro que resultou na iniciativa de cooperação denominada *Bridge Project*, da qual participou o então juiz Sérgio Moro.

Mais à frente, em 2010, a Chevron negociou sigilosamente, com um dos candidatos à eleição presidencial brasileira, mudanças no marco regulatório do pré-sal, numa "conspiração" que veio à tona com os vazamentos da WikiLeaks e que acabou se transformando num projeto apresentado e aprovado pelo Senado brasileiro. E três anos depois, em 2013, soube-se que a presidência da República, ministros de Estado e dirigentes da Petrobras vinham sendo alvo, há muito tempo, de grampo e espionagem, como revelaram as denúncias de Edward Snowden. No mesmo ano em que a embaixadora dos Estados Unidos que acompanhou o golpe de Estado do Paraguai contra o Presidente Fernando Lugo foi deslocada para a embaixada do Brasil. E exatamente depois dessa mudança diplomática, no ano de 2014, começou a Operação Lava-Jato, que tomou a instigante decisão de investigar as propinas pagas aos diretores da Petrobras, exatamente a partir de 2003, deixando fora, portanto, os antigos fornecedores internacionais no momento exato em que concluíam as negociações da empresa com a Halliburton em torno da entrega das plataformas P43 e P48.

Se todos esses dados estiverem corretamente conectados, e nossa hipótese for verossímil, não é de estranhar que depois de cinco anos do início da "Operação Lava-Jato" os vazamentos divulgados pelo site *The Intercept Brasil*, dando notícias da parcialidade dos procuradores e do principal juiz envolvido nessa operação tenham provocado uma reação repentina e extemporânea dos principais acusados dessa história, que praticamente se homiziaram nos Estados Unidos – provavelmente, em busca de instruções e informações que lhes permitissem sair das cordas e voltar a fazer com seus novos acusadores o que sempre fizeram no passado, utilizando-se de informações repassadas para destruir seus adversários políticos. Entretanto, o pânico do ex-juiz e seu despreparo para enfrentar a nova situação fizeram-no comportar-se de forma atabalhoada, pedindo licença ministerial e viajando uma segunda vez para os Estados Unidos, e com isso tornou público seu lugar na cadeia de comando de uma operação que, ao que tudo indica, possa ter sido a única intervenção internacional bem-sucedida – até agora – da dupla John Bolton e Mike Pompeo, os dois "homens-bomba" que comandam a política externa do Governo Donald Trump. Uma operação tutelada pelos norte-americanos e avalizada pelos militares brasileiros.

Por isso, se nossa hipótese estiver correta, não há a menor possibilidade de que as pessoas envolvidas neste escândalo sejam denunciadas e julgadas com imparcialidade, porque todos os envolvidos sempre tiveram pleno conhecimento e sempre aprovaram as práticas ilegais do ex-juiz e de seu "procurador-assistente", práticas que foram decisivas para a instalação do Capitão Bolsonaro na presidência da República. O único que lhes incomoda neste momento é o fato de que sua "conspiração" tenha se tornado pública, e que todos tenham entendido quem é o verdadeiro poder que está por trás dos chamados "Beatos de Curitiba".

24 de julho de 2019.

## 2.17
# Petróleo, guerra e corrupção: para entender Curitiba[37]

Os norte-americanos costumam festejar as duas grandes gerações que marcaram sua história de forma definitiva: a geração dos seus *founding fathers*, responsável pela criação do seu sistema político na segunda metade do século XVIII; e a geração dos seus *robber barons*, responsável pela criação de seu capitalismo monopolista na segunda metade do século XIX. Na geração dos "barões ladrões", destaca-se a figura maior de John D. Rockefeller, que ficou associado de forma definitiva ao petróleo e à criação da Standard Oil Company, a primeira das "Sete Irmãs" que controlaram o mercado mundial do petróleo até o final da Segunda Guerra Mundial e ainda ocupam lugar de destaque entre as 15 maiores empresas capitalistas do mundo.

A Standard Oil foi criada logo depois da Guerra Civil, em 1870, mas no final do século XIX a empresa de Rockefeller era a maior petroleira dos Estados Unidos e a maior fornecedora do querosene que iluminava as grandes cidades em todo o mundo. Segundo seus biógrafos, Rockefeller era um homem piedoso e costumava viajar acompanhado por dois pastores que lhe davam assistência religiosa[38], mas ao mesmo tempo dirigia sua empresa com métodos impiedosos, na busca desenfreada da ganância capitalista, chegando até a destruição de seus concorrentes sempre que se fizesse necessário. Por isso talvez, seu irmão, William Rockefeller, costumasse se referir à concorrência no mercado do petróleo como um exercício

---

37. Este texto foi escrito em coautoria com William Nozaki, professor da Fundação Escola de Sociologia e Política de São Paulo (FESPSP) e diretor técnico do Instituto de Estudos Estratégicos do Petróleo, Gás e Biocombustíveis (Ineep).
38. YERGIN, D. *O petróleo* – Uma história mundial de conquista, poder e dinheiro. Rio de Janeiro: Paz e Terra, 2010, p. 53.

de "guerra e paz"[39]. Na medida em que avançou a centralização do capital e o petróleo se transformou na *commodity* mais importante e estratégica do mundo, o comportamento de John Rockefeller virou uma espécie de "paradigma ético" da indústria mundial do petróleo.

No início do século XX, a indústria do petróleo se associou à indústria da guerra e se transformou na "energia" que passou a mover navios, tanques e aviões das Forças Armadas das grandes potências, sobretudo na Segunda Guerra Mundial, e em todos os conflitos militares que se seguiram até o século XXI. O petróleo teve papel decisivo na Guerra do Pacífico, desencadeada pelo ataque japonês a Pearl Harbor em 1941, e foi o motivo central do ataque alemão à União Soviética, em 1941, que se propunha chegar ao Azerbaijão, conquistando o petróleo do Cáucaso e do Mar Cáspio. Depois disso, o petróleo foi decisivo para o golpe de Estado no Irã, em 1953, patrocinado por Estados Unidos e Inglaterra, e também para a crise do Canal de Suez em 1956. E voltou a ter papel central na Guerra do Yom Kippur em 1973, na Guerra Irã-Iraque da década de 1980, na Guerra do Golfo em 1991, na Guerra do Iraque em 2003, na Guerra da Líbia em 2011, e na Guerra da Síria que se prolonga até hoje.

Em 1945, logo depois do fim da guerra, os Estados Unidos firmaram sua principal aliança estratégica em todo o mundo, e até hoje, com a Arábia Saudita, que naquele momento detinha a maior reserva de petróleo do mundo. Em 1979, depois da Revolução Islâmica do Irã, o Presidente Jimmy Carter estabeleceu sua famosa doutrina estratégica de que tudo o que envolvesse o controle do petróleo do Golfo Pérsico (e do mundo, se poderia agregar) passaria a ser considerado como uma questão de segurança nacional dos Estados Unidos. Uma doutrina estabelecida com a plena consciência de que o petróleo também é uma questão de segurança estratégica para todas as demais potências do mundo que disputam as mesmas reservas mundiais, que têm dois terços concentrados no território de apenas 15 países, dos quais em 13 as reservas são controladas por seus próprios estados nacionais e empresas petroleiras estatais.

Essa consciência coletiva de que o petróleo é um recurso indispensável à segurança estratégica dos países acabou consolidando uma parceira indissolúvel entre seus estados nacionais e empresas petroleiras na luta pela expansão e monopolização dos recursos e mercados petroleiros. Isso também no caso das grandes corporações privadas norte-americanas que operam em conjunto com o governo dos Estados Unidos, suas Forças Armadas e Agências de Informação. É essa estreita aliança e a visão do petróleo como uma "*commmodity* geopolítica" que explicam a utilização de todo e qualquer meio para assegurar o controle dos

---

39. Ibid., p. 37-54.

novos recursos e mercados que apareçam, mesmo que seja necessário mudar regimes e governos, ou corromper governantes, políticos e executivos, ou mesmo juízes, procuradores, religiosos e quem quer que seja, para a realização de seus objetivos estratégicos.

Relembremos apenas alguns casos mais recentes e divulgados pela imprensa internacional, de compra de favores e de promoção de mudança de governos, ou mesmo de guerras civis, motivadas por questões petroleiras ou diretamente financiadas pelas grandes corporações do petróleo.

i) Nos anos de 1990, a Mobil e outras petroleiras americanas teriam pago um suborno de US$ 80 milhões para a conta bancária suíça do presidente do Cazaquistão, Nursultan Nazarbaev, numa operação casada com a Agência Central de Inteligência (CIA) dos Estados Unidos[40].

ii) Entre 2000 e 2002, a Chevron teria pago sobretaxas para corromper o Programa Petróleo por Comida, da ONU, na época em que Condoleezza Rice era conselheira daquela empresa[41].

iii) Em 2003, a Exxon teria pago US$ 500 milhões ao presidente da Guiné Equatorial, Teodoro Obiang Nguem Mbasogo, depositados numa conta bancária privada e pessoal nos Estados Unidos[42].

iv) Ainda em 2003, a petroleira norueguesa Statoil teria pago US$ 2,9 milhões para garantir contratos no Irã[43].

v) Entre 2004 e 2006, Gazprom, a maior empresa de gás natural da Rússia, teria pago suborno relativo à construção do gasoduto Yamal, que liga a Sibéria à Alemanha[44].

vi) Em 2005, um inquérito independente liderado por Paul Volcker denunciou um sistema regular de propinas, sobretaxas e pagamentos a indivíduos com acesso ao petróleo iraniano, dentro do Programa Petróleo por Comida, incluindo a petroleira francesa Total, que foi acusada de suborno, cumplicidade e tráfico de influência no período 1996-2003, apesar de ter sido depois inocentada por um tribunal criminal de Paris, tão francês quanto a própria empresa[45].

---

40. Disponível em https://www.rferl.org/a/After_Seven_Years_Kazakhgate_Scandal_Ends_With_Minor_Indictment_/2123800.html.

41. Disponível em https://www1.folha.uol.com.br/fsp/mundo/ft0905200710.htm

42. Disponível em https://www.independent.co.uk/news/business/news/exxon-probed-over-500m-africa-scandal-104198.html

43. Disponível em http://news.bbc.co.uk/2/hi/business/3849147.stm e https://www.ft.com/content/5451c3ee-5aed-11db-8f80-0000779e2340

44. Disponível em https://www.reuters.com/article/gazprom-investigation-switzerland-idUSL5N0R318S20140902 e http://russia-ic.com/rus_international/in_depth/2384#.XVWdj-hKjlU

45. Disponível em https://www.reuters.com/article/us-france-total/total-and-ceo-acquitted-in-iraq-oil-for-food-scandal-idUSBRE9670QK20130708.

vii) Em 2006, a empresa francesa Total teria comprado o apoio de políticos e empresários italianos para garantir concessões a preço abaixo do mercado, num golpe avaliado em 15 milhões de euros[46].

viii) Em 2009, a Exxon teria vencido uma concorrência na Nigéria com uma proposta muito inferior à dos seus concorrentes, mediante suborno das autoridades locais[47].

ix) Em 2011, a Exxon teria se enredado na corrupção do setor petroleiro da Libéria para a compra de um bloco petrolífero envolvendo outras empresas, incluindo a do Visconde Astor, sogro do ex-primeiro-ministro da Inglaterra, David Cameron[48].

x) Também em 2011, a Shell e a ENI teriam pago mais de US$ 1 bilhão como suborno a executivos nigerianos do petróleo[49].

xi) E ainda em 2011, a Statoil foi denunciada por ter feito pagamento sistemático de propinas para consultores da Líbia e de Angola, no valor de US$ 100 milhões, pagos desde o ano de 2000.

xii) Em 2017, na própria Arábia Saudita, uma longa investigação de corrupção no mundo do petróleo prendeu dezenas de príncipes e empresários proeminentes[50].

xiii) Mais recentemente, em 2019, na Guiana, segue avançando uma investigação sobre o uso de suborno de autoridades governamentais, pela ExxonMobil e a Tullow Oil, para obter o direito de exploração da mais nova região petrolífera de águas profundas do mundo[51].

xiv) Voltando um pouco atrás, ainda em 1994, a Halliburton teria pago um suborno de U$ 182 milhões a governantes da Nigéria, para participar do Projeto de Gás Natural Liquefeito de Bonny Island[52].

xv) E já se pode acrescentar a esta lista a importante confissão de Pedro Barusco, gerente de Serviços da Petrobras entre 1995 e 2010, e que participou das negociações com a empresa Halliburton para a entrega

---

46. Disponível em https://www.ft.com/content/6ef1109a-cb9f-11dd-ba02-000077b07658.

47. Disponível em https://www.theguardian.com/business/2016/jun/23/exxonmobil-nigeria-oil-fields-deal-investigation

48. Disponível em https://www.theguardian.com/business/2018/mar/29/exxonmobil-liberian-oil-deal-went-ahead-despite-anti-corruption-concerns e https://www.globalwitness.org/en/press-releases/us-authorities-must-investigate-exxon-its-purchase-corruption-tainted-oil-block-liberia/

49. Disponível em https://www.bloomberg.com/news/articles/2019-05-07/shell-eni-executives-named-in-1-billion-nigeria-bribery-suit

50. Disponível em https://www.aljazeera.com/news/2019/01/saudi-arabia-corruption-crackdown-ends-106bn-recovered-190131062458260.html e https://www.cnbc.com/2019/01/30/saudi-arabia-says-it-raised-106-billion-from-anti-corruption-drive.html

51. Disponível em https://www.worldoil.com/news/2019/5/23/guyana-investigating-offshore-leases-controlled-by-exxon-tullow

52. Disponível em https://indianexpress.com/article/world/world-others/files-point-to-182mn-halliburton-bribery-scandal-in-nigeria/

das plataformas P43 e P48[53]. Segundo o engenheiro, executivos da petrolífera brasileira já vinham recebendo propinas desde pelo menos 1997, as mesmas que depois foram pagas por empresas brasileiras – como Odebrecht, OAS, entre outras – que substituíram as estrangeiras como fornecedoras da Petrobras[54].

Paremos por aqui, pois tais casos parecem intermináveis; basta dizer que um estudo realizado por Paasha Mahdavi, cientista político da Universidade da Califórnia, constatou que dos 141 processos movidos entre 1977 e 2013 pela Security and Exchange Commission (SEC) e pelo Departamento de Justiça norte-americano (DoJ), 41 – praticamente um terço – foram ações anticorrupção relacionadas ao setor de óleo e gás.

Mas ainda assim, não há dúvidas de que o caso recente mais emblemático de como opera esse "mercado mundial" de petróleo é a Guerra do Iraque de 2003, concebida pelo vice-Presidente Dick Cheney e que foi travada em nome do combate às armas de destruição em massa. Ainda que tenha servido de fato como uma forma de mudar o governo e o regime político do Iraque, o objetivo final era mesmo impor a supremacia das empresas americanas na exploração do petróleo iraquiano, incluindo o escandaloso caso do favorecimento da empresa norte-americana Halliburton, que havia sido presidida pelo próprio vice-presidente entre 1995 e 2000.

Todas essas histórias nos permitem extrair pelo menos três conclusões que podem nos ajudar a entender os acontecimentos recentes no Brasil:

> i) O "mercado mundial" do petróleo nunca teve nada a ver com o que os economistas ortodoxos e liberais chamam de "livre-concorrência", e sempre foi um "campo de guerra" entre grandes corporações e grandes potências.
> ii) Dentro desse "campo de guerra", aquilo que os pastores, juristas e o "homem comum" chamam de "corrupção" – goste-se ou não – foi sempre uma prática regular da competição entre as grandes petroleiras na disputa por novos recursos e mercados.
> iii) Por fim, há fortes evidências de que essas mesmas corporações que subornam e "corrompem" costumam utilizar a surpreendente acusação de "corrupção" contra seus concorrentes e contra todo e qualquer tipo de concorrentes ou adversários que se interponham em seu caminho.

---

53. BARUSCO, P. "Comecei a receber propina em 1997, 1998. Foi uma inciativa minha, pessoal. De forma mais ampla, com outras pessoas da Petrobras, a partir de 2003, 2004". Apud "Barusco diz que começou a receber propina em 1997". In: *EBC, Agência Brasil*, 10/03/2015.

54. FIORI, J.L. & NOZAKI, W. "Conspiração e corrupção: uma hipótese muito provável" [Disponível em https://www.jb.com.br/pais/artigo/2019/07/1011357-conspiracao-e-corrupcao-uma-hipotese-muito-provavel.html].

Se esta foi sempre a "ética do petróleo", não causa surpresa a confissão do Senhor Pedro Barusco, de que as grandes petroleiras e fornecedoras da Petrobras tenham pago propinas aos dirigentes da empresa, pelo menos desde 1997, durante o governo do Senhor Fernando H. Cardoso, e provavelmente desde muito antes. Por outro lado, conhecendo as regras desse jogo extremamente violento, é possível que as mesmas petroleiras americanas tenham repassado a informação de seu "suborno" ao Departamento de Justiça americano, no momento em que foram prejudicadas pela política do Governo Lula de proteção dos fornecedores nacionais da Petrobras, e muito mais ainda, depois do anúncio da descoberta das reservas de petróleo do pré-sal, em 2006.

E por último, faz sentido pensar que o próprio governo americano tenha repassado essas informações para seus subordinados brasileiros – escritórios de advocacia, juízes, procuradores, jornalistas, militares e todos que participaram da "conspiração de Curitiba". De qualquer forma, devido à *performance* presidencial dessa figura patética que foi parida pela conspiração, o mais provável é que sejam os próprios norte-americanos que venham a revelar, em breve, os detalhes dessa história, como já passou com o documentário *A privacidade hackeada*.

28 de agosto de 2019.

## 2.18
## Quarenta e seis anos depois[55]

> *Aprendam a lição... [porque] muito mais cedo do que tarde se abrirão novamente as grandes alamedas por onde passará o homem livre, para construir uma sociedade melhor... Tenho a certeza de que meu sacrifício não será em vão.*
> ALLENDE, S., 11/9/1973, às 9h30min.

O golpe militar, a morte de Salvador Allende e o fim do governo da Unidade Popular, na manhã nublada, fria e melancólica de Santiago do Chile daquele 11 de setembro de 1973, foi um momento trágico da história política da esquerda latino-americana, e também um momento de mudança irreversível do pensamento crítico e progressista do continente.

Nos anos de 1960 até o início da década de 1970 a América Latina viveu um momento de intensa criatividade intelectual e política. Foi o período áureo da Revolução Cubana e de sua influência sobre os movimentos de luta armada do continente, em particular no Brasil, Uruguai e Argentina, e um pouco mais tarde na América Central. Foi o tempo do reformismo militar de Velasco Alvarado, no Peru, e de Juan José Torres, na Bolívia; da volta do peronismo, com a vitória de Juan Domingos Peron, na Argentina; da primeira experiência reformista democrata-cristã na Venezuela; e acima de tudo, do "reformismo cepalino" de Eduardo Frei, e do "socialismo democrático", de Salvador Allende, no Chile. Como pano de fundo, desafio político e intelectual, havia o "milagre econômico" do regime militar brasileiro. Nesse período, Santiago transformou-se no ponto de encontro de intelectuais de todo o mundo, e virou o epicentro do que talvez tenha sido o período mais criativo da história política e intelectual latino-americana no século XX. Revolucionários e reformistas, democrata-cristãos, socialistas, comunistas e radicais, tecnocratas e intelectuais, líderes sindicais, sacerdotes, artistas e estudantes discutiam – todas as horas e em todos os cantos da cidade – sobre a revolução e o socialismo, mas também sobre o desenvolvimento e subdesenvol-

---

[55]. Este texto apenas atualiza a data e reproduz um artigo com o mesmo nome publicado em *Carta Maior*, em 09/09/2013. Sua inclusão neste livro é uma homenagem a Salvador Allende.

vimento, industrialização e reforma agrária, imperialismo e dependência, democracia e reformas sociais; e sobre a própria especificidade histórica do capitalismo latino-americano.

Por que Santiago? Porque o Chile foi o único país do continente onde se tentou – de fato – combinar democracia com socialismo, nacionalizações com capitalismo privado e desenvolvimentismo com reforma agrária, no período da Frente Popular, entre 1938 e 1947, e durante o governo da Unidade Popular, entre 1970 e 1973; e também, de certa forma, durante o governo democrata-cristão de Eduardo Frei, entre 1964 e 1970. Na década de 1930, os socialistas e comunistas chilenos formaram uma Frente Popular com o Partido Radical, venceram as eleições presidenciais de 1938, e depois foram reeleitos mais três vezes antes de serem separados pela intervenção norte-americana no início da Guerra Fria, em 1947.

Os governos da Frente Popular chilena, sob a liderança do Partido Radical, enfatizaram programas de universalização da educação e da saúde pública, mas também da infraestrutura, do planejamento e da proteção do mercado interno e da indústria. Mas foi só em 1970 que o governo da Unidade Popular propôs explicitamente um projeto de "transição democrática para o socialismo", como estratégia de desenvolvimento e sem destruição da economia capitalista. Antes de Allende, os democrata-cristãos "chilenizaram" o cobre e começaram a reforma agrária, acelerada pelo governo da UP, que radicalizou a nacionalização das empresas estrangeiras produtoras de cobre. E foi além disso, ao propor criar um "núcleo industrial estratégico", de propriedade estatal, que deveria ser o líder da economia capitalista e embrião da futura economia socialista. Este foi, aliás, o pomo de discórdia que dividiu a esquerda durante todo o governo da Unidade Popular, chegando até o ponto da ruptura, entre os que queriam limitar as estatizações industriais aos setores estratégicos da economia, e os que queriam estendê-las, até originar um novo "modo de produção" sob hegemonia estatal. Pois bem, esse projeto absolutamente original de "transição democrática para o socialismo", do governo da Unidade Popular, foi interrompido pelo golpe militar do General Pinochet, com apoio decisivo dos Estados Unidos e do governo militar brasileiro.

Mas como previu Salvador Allende no seu último discurso, "muito mais cedo do que tarde", o Partido Socialista voltou ao governo do Chile em 1989, aliado aos democrata-cristãos. Só que, naquele momento, os comunistas chilenos haviam sido dizimados, e os socialistas já haviam aderido ao consenso neoliberal, hegemônico durante a década de 1990, tendo deixado de lado seus sonhos socialistas. Uma década depois, entretanto, no início do século XXI, a esquerda avançou muito mais e conquistou o governo de quase todos os países da América do Sul. Nessa hora, um grande número de jovens das décadas de 1960 e 1970, que escutaram as últimas palavras de Allende, no Palacio de la Moneda, foram chamados a governar.

Por todo lado, em vários pontos da América do Sul, a esquerda voltou a discutir o socialismo, o desenvolvimentismo, a igualdade e as novas estratégias de transformação social para o século XXI. Mas após uma década, a esquerda latino-americana se deu conta de que a palavra "socialismo" hoje tem conotações absolutamente diferentes nas montanhas andinas, nas grandes metrópoles, nos pequenos povoados, ou nos vastos campos ocupados pelo sucesso exportador do *agrobusiness*. O "desenvolvimentismo" se transformou em um projeto anódino e tecnocrático, desprovido de qualquer horizonte utópico; defender a "indústria" ou a "reindustrialização" virou um lugar-comum da imprensa, que pode significar qualquer coisa segundo o economista de turno; e o "reformismo social" foi dissolvido em um conjunto de políticas e programas desconexos originários do Banco Mundial, mais preocupado com seu "custo-efetividade" do que com a luta pela igualdade social.

Somando e subtraindo, hoje, exatamente 46 anos depois da morte de Salvador Allende, o balanço é muito claro e desafiador: a geração de esquerda dos anos de 1960 e 1970 chegou em muitos países ao poder, mas já não tinha mais do seu lado a força do sonho e da utopia que levou Salvador Allende à resistência, ao silêncio e à morte, naquela manhã violenta e inesquecível do dia 11 de setembro de 1973, na nublada, fria e melancólica cidade de Santiago do Chile.

11 de setembro de 2019.

## 2.19
## O "outubro vermelho" e a esclerose brasileira

> *Por qué protestan? Es por la desigualdad económica. Y los bajos salarios. También por la baja o nula movilidad social y la falta de un futuro mejor para los jóvenes. Es por los servicios públicos infames. Y por la globalización y la pérdida de puestos de trabajo...*
> NAIM, M. El País, 27/10/2019.

Desta vez tudo passou muito rápido. Como se, em apenas uma noite, a América Latina tivesse dormido de direita e acordado de esquerda. Depois da avassaladora vitória de Lopez Obrador no México, em 2018, em apenas um mês, outubro de 2019, as forças progressistas venceram as eleições presidenciais na Bolívia, Uruguai e Argentina, elegeram um jovem economista de esquerda para o governo de Buenos Aires e ganharam as eleições na Colômbia, para o governo de suas principais cidades, como Bogotá e Medellín. E quase simultaneamente, uma sucessão de revoltas populares derrubou ou colocou de joelhos os governos direitistas de Haiti e Honduras, e impôs pesadas derrotas aos presidentes de direita do Equador e do Chile.

Muitos analistas se surpreenderam com essa sequência de derrotas da direita, como se fosse inesperada, um verdadeiro raio em céu azul. Mas isso não é verdade, sobretudo nos casos iminentes da rebelião do povo chileno e da derrota de Mauricio Macri na Argentina. No caso do Chile, já tinha havido uma gigantesca manifestação de mais de um milhão de pessoas, em 1988, pelo fim da ditadura do General Pinochet, acossada pelo fracasso de uma economia que havia crescido apenas 1,6%, em média, durante os 15 anos da ditadura militar, deixando como herança um desemprego de 18%, e 45% da população abaixo da linha da pobreza.

Logo depois da redemocratização do país, a partir de 2006, sucederam-se grandes mobilizações estudantis contra a privatização e os altos custos da educação, da saúde, da água e do saneamento básico, que haviam sido privatizados durante a ditadura e permaneceram privados depois da redemocratização. Numa mobilização quase contínua, que alcançou uma extraordinária vitória em janeiro de 2018, com a aprovação, pelo Congresso Nacional chileno, de um novo sistema de educação universitária, universal e gratuita, tanto pública quanto privada. E foi na esteira dessas manifestações que a população chilena voltou a sair às ruas, no mês de outubro, contra uma sociedade que, apesar do seu "equilíbrio macroeconômico", segue sendo a mais desigual dentre todos os países da Ocde, com a concentração de 33% da riqueza nacional nas mãos de apenas 1% da população chilena. E contra os sistemas de saúde, água e serviços básicos que seguem privatizados e com custos exorbitantes; e contra um sistema de previdência privada que entrega aos aposentados apenas 33% do seu salário ativo – um quadro de descontentamento que já prenuncia a derrota provável das forças de direita nas eleições presidenciais chilenas de 2021.

No caso da Argentina, a vitória peronista foi uma resposta imediata e explícita ao fracasso do programa econômico neoliberal do Presidente Mauricio Macri, que conseguiu destruir e endividar a economia argentina, deixando como herança um crescimento negativo do PIB, com uma taxa de inflação de 50%, um desemprego de 10% e 32% da população abaixo da linha de pobreza. Sabe-se que a Argentina foi, até bem pouco tempo atrás, a sociedade mais rica e com melhor qualidade de vida e nível educacional de toda a América Latina. Ou seja, resumindo o argumento, a rebelião chilena e a vitória peronista na Argentina não têm nada de surpreendente, como acontece também com a sucessão em cadeia das demais derrotas da direita latino-americana.

Que consequências imediatas se deve esperar, e que lições extrair desse "outubro vermelho"? A primeira e mais contundente é que os latino-americanos não suportam nem aceitam mais viver em sociedades com um nível de desigualdade tão extremo e vergonhoso. A segunda é que o mesmo programa neoliberal que fracassou na década de 1990 voltou a fracassar exatamente porque não produz crescimento econômico sustentado e acentua violentamente a precarização, a miséria e a desigualdade que já existem em toda a América Latina. Por outro lado, do ponto de vista estritamente brasileiro, o fracasso neoliberal, sobretudo o fracasso do Chile e da Argentina, cai como uma bomba em cima do programa de promessas e blefes ultraliberais do Senhor Guedes, cuja insistência na mesma tecla, depois de tudo o que aconteceu, sugere tratar-se de um financista que, além de fanático, parece ser cego ou burro.

Assim, permanecem no ar duas perguntas importantes: por que este novo ciclo neoliberal foi tão curto? E o que se deve esperar para o futuro? Para refletir sobre esta questão, entretanto, é necessário afastar-se um pouco da conjuntura e de seus debates mais acalorados, recorrendo a uma hipótese de mais longo prazo sobre a natureza contraditória do desenvolvimento capitalista, que foi formulada pelo economista e historiador austríaco Karl Polanyi, na sua obra *A grande transformação*, publicada em 1944. Polanyi se propunha a explicar o fim da "ordem liberal do século XIX", que alcançou seu apogeu e começou sua crise e transformação, a um só tempo, a partir de 1870. Segundo o economista austríaco, esta simultaneidade se deve à existência de um duplo princípio que comanda a expansão capitalista: "o princípio do liberalismo econômico, que objetiva estabelecer um mercado autorregulado, e o princípio da proteção social, cuja finalidade é preservar o homem e a natureza, além da organização produtiva"[56].

Exatamente por isso, os estados e sociedades capitalistas mais avançados e suas populações teriam começado a se defender do avanço do liberalismo desenfreado, no momento em que tal avanço alcançou seu apogeu. Como consequência, segundo Polanyi, a partir de 1870, "o mundo continuou a acreditar no internacionalismo e na interdependência, mas agiu cada vez mais sob os impulsos do nacionalismo e da autossuficiência"[57]. Por isso, na mesma hora do padrão-ouro, da desregulação dos mercados financeiros e da expansão imperialista do final do século XIX, os estados europeus começaram a praticar o protecionismo e a desenvolver as formas embrionárias de seus sistemas de proteção social, que iriam alcançar seu ápice com a criação do Estado de Bem-Estar Social após a Segunda Guerra Mundial.

Seguindo Polanyi, podemos também formular a hipótese de que o sistema capitalista voltou a experimentar um grande impulso de internacionalização, liberalização e promoção ativa dos mercados desregulados a partir dos anos 80 do século XX, e que esse "surto internacionalizante" entrou em crise terminal com as guerras do início do século XXI e o colapso econômico-financeiro de 2008. Foi essa crise terminal que desencadeou ou acelerou um novo grande movimento de autoproteção por parte dos estados e economias nacionais, que começou na Rússia e na China, no início do século XXI, alastrou-se pela periferia do sistema europeu e acabou atingindo o próprio núcleo financeiro e anglo-americano do sistema capitalista mundial, na hora do Brexit; e ainda mais, na hora da eleição de Donald Trump e seu "*America first*".

Dessa perspectiva, podemos também conjecturar que a onda neoliberal da América Latina dos tempos de Menem, Fujimori, Fernando H. Cardoso e Salinas fez parte do movimento geral de internacionalização, desregulação e globalização das décadas de 1980/1990, liderado pelos países anglo-saxônicos. E a "virada à esquerda" do continente, da primeira década do século XXI, com seu viés nacional-desenvolvimentista, também fez parte desse novo e grande movimento de

---

56. POLANYI, K. *A grande transformação*. Rio de Janeiro: Campus, 1980, p. 139.
57. Ibid., p. 142.

autoproteção estatal, econômico e social que está em pleno curso sob a liderança das quatro grandes potências que deverão liderar o mundo no século XXI: Estados Unidos, China, Rússia e Índia.

Olhando para o mundo dessa maneira, pode-se entender melhor por que o *revival* neoliberal latino-americano dos últimos cinco anos durou tão pouco: porque está rigorosamente na contramão do sistema capitalista mundial. Apesar disso, a reincidência neoliberal tardia pode fazer parte de uma disputa pelo futuro do continente que ainda está em pleno curso e que pode se prolongar ainda por muitos anos, incluindo a possibilidade de um impasse sem solução. Ou seja, apesar da grande vitória progressista desse outubro vermelho, o futuro da América Latina segue incerto e dependerá muitíssimo do que venha a passar na Argentina, Chile e Brasil, nos próximos tempos.

No caso da Argentina, o novo governo de Alberto Fernandez enfrentará desafios de grande proporção quase imediatos e que podem levar o país a repetir o dilema das últimas décadas, prisioneiro de uma "gangorra" que não deslancha, ora sob o comando dos "liberistas", ora sob o comando dos "nacionalistas", sem conseguir sustentar uma estratégia de desenvolvimento que seja coerente, consistente e duradoura. A diferença entre Fernandez e Macri foi de 8%, e apesar de que Fernandez terá maioria no Senado, não o terá no Congresso, onde será obrigado a negociar com Macri e com os demais partidos para aprovar seus projetos. Além disso, Fernandez começará seu governo no mês de dezembro, com um país quebrado e endividado, com reservas que já estão quase inteiramente comprometidas com o pagamento de dívidas de curto prazo, com altas taxas de inflação, desemprego e miséria. E com a ameaça permanente de ver seu governo torpedeado por novas explosões inflacionárias e crises financeiras que se repetem periodicamente na Argentina.

Por outro lado, no caso do Chile, as forças progressistas só poderão recuperar o governo em 2021, e até lá terão que negociar com o governo de Sebastián Piñera um programa de reformas constitucionais que terá que enfrentar o problema da reestatização dos serviços de saúde, água e saneamento básico, pelo menos, além da rediscussão do sistema de previdência social por capitalização, que fracassou rotundamente do ponto de vista dos aposentados. E a aceitação conjunta de que o desempenho macroeconômico chileno das duas últimas décadas é insuficiente para dar conta das necessidades concretas dos cidadãos comuns que não se interessam pelas cifras e querem apenas sobreviver com um mínimo de decência e qualidade de vida.

Por fim, o futuro brasileiro está cada vez mais difícil de prever depois dessa revolta continental. Mesmo que o país consiga se desfazer do grupo de pessoas que se apoderou do Estado brasileiro – evitando, portanto, a instalação autoritária de um regime controlado por milicianos e narcotraficantes –, depois do que já fizeram, eles deixarão para trás, como uma herança funesta, um Estado e uma economia aos pedaços, além de uma sociedade dividida e moralmente destruída. O que foi construído pelos brasileiros nos últimos 90 anos está sendo destruído e entregue sistematicamente por esses senhores, em troca de promessas e blefes que não têm a menor base científica ou histórica. Mesmo sem voltar a falar da cegueira ideológica do Senhor Guedes, basta ver o estrago que já foi feito pelo novo chanceler brasileiro à imagem internacional do país, e a toda sua história diplomática, induzido por seus delírios religiosos e milenaristas, e por sua decisão de "purificar" os costumes "ocidentais e cristãos". A sua invasão da Venezuela já virou piada internacional, o seu Grupo de Lima implodiu e o seu servilismo americano abriu portas para a formação de um novo eixo político-diplomático no continente, articulado em torno do México e da Argentina, enquanto ele próprio, se seguir por esse caminho, acabará passando para a história da diplomacia brasileira como um personagem patético: "Ernesto, o Idiota".

Concluindo, mesmo depois que esse grupo de marginais e fanáticos seja devolvido ao seu devido lugar de origem, o Brasil terá que enfrentar o desafio extremamente complexo de reconstruir seu Estado, suas instituições e sua própria sociabilidade, ao mesmo tempo em que define os novos caminhos da sua economia. E isto só será possível a partir de um grande acordo civilizatório entre as forças políticas democráticas, que tenha como ponto de partida o rechaço terminante do projeto atual de destruição do Estado e de submissão do país à direção econômica e ao protetorado militar dos Estados Unidos.

31 de outubro de 2019.

## 2.20
# A revolta latina e a divisão do *establishment* americano

> *Muitos no Departamento de Estado perderam o respeito por Mike Pompeo – por um bom motivo. Seu comportamento é uma das coisas mais vergonhosas que já vi em 40 anos de cobertura da diplomacia americana.*
> FRIEDMAN, T. "Mike Pompeo: o último da classe em integridade". In: *New York Times* [traduzido pela *Folha de S. Paulo*, 22/11/2019].

Em um primeiro momento, pensou-se que a direita retomaria a iniciativa, e se fosse necessário, passaria por cima das forças sociais que se rebelaram e surpreenderam o mundo durante o "outubro vermelho" da América Latina. E de fato, no início do mês de novembro, o governo brasileiro procurou reverter o avanço esquerdista, tomando uma posição agressiva e de confronto direto com o novo governo peronista da Argentina. Em seguida interveio, de forma direta e pouco diplomática, no processo de derrubada de Evo Morales, que havia acabado de obter 47% dos votos nas eleições presidenciais da Bolívia. A chancelaria brasileira não apenas estimulou o movimento cívico-religioso da extrema-direita de Santa Cruz, como foi a primeira a reconhecer o novo governo instalado pelo golpe cívico-militar e dirigido por uma senadora que só havia obtido 4,5% dos votos nas últimas eleições. Ao mesmo tempo, o governo brasileiro procurou intervir no segundo turno das eleições uruguaias, dando seu apoio público ao candidato conservador, Lacalle Pou – que o rejeitou imediatamente – e recebendo em Brasília o líder da extrema-direita uruguaia que havia sido derrotado no primeiro turno, mas que deu seu apoio a Lacalle Pou no segundo turno.

Mesmo assim, ao se fazer um balanço completo do que ocorreu no mês de novembro, constata-se uma expansão da "onda vermelha" que havia se instalado no mês anterior no continente latino-americano. Nessa direção, e por ordem, o primeiro que aconteceu foi a libertação do principal líder da esquerda mundial, segundo Steve Bannon, o ex-Presidente Lula, que se impôs à resistência da direita civil e militar do país, graças a uma enorme mobilização da opinião pública nacional e internacional. Em seguida aconteceu o levante popular e indígena da Bolívia, que interrompeu e reverteu o golpe de Estado da direita boliviana e brasileira, impondo ao novo governo instalado a convocação de novas eleições presidenciais com direito à participação de todos os partidos políticos, incluindo o de Evo Morales.

Da mesma forma, a revolta popular chilena também obteve uma grande vitória com a convocação, pelo Congresso Nacional, de uma Assembleia Constituinte que deverá escrever uma nova Constituição para o país, enterrando definitivamente o modelo socioeconômico herdado da ditadura do General Pinochet. E mesmo assim, a população rebelada ainda não abandou as ruas e deve completar dois meses de mobilização quase contínua, com o alargamento progressivo de sua "agenda de reivindicações" e a queda sucessiva do prestígio do Presidente Sebastian Piñera, que hoje está reduzido a 4,6%. A população segue discutindo nas praças públicas, em cada bairro e província, as próprias regras da nova constituinte, prenunciando uma experiência que pode vir a ser revolucionária, de construção de uma constituição nacional e popular, apesar de ainda existirem partidos e organizações sociais que seguem exigindo um avanço ainda maior do que o que já foi logrado.

No caso do Equador, o país que se transformou no estopim das revoltas de outubro, o movimento indígena e popular também obrigou o governo de Lenin Moreno a recuar de seu programa de reformas e medidas impostas pelo FMI, e aceitar uma "mesa de negociações" que está discutindo medidas e políticas alternativas junto com uma agenda ampla de reivindicações plurinacionais, ecológicas e feministas.

No entanto, o mais surpreendente aconteceu na Colômbia, país que vem sendo há muitos anos o baluarte da direita latino-americana e é hoje o principal aliado dos Estados Unidos, do Presidente Donald Trump e do Brasil do Capitão Bolsonaro, no seu projeto conjunto de derrubada do governo venezuelano e de liquidação de seus aliados "bolivarianos". Depois da vitória eleitoral da esquerda e da oposição em geral em várias cidades importantes da Colômbia, nas eleições do mês de outubro, a convocação de uma greve geral em todo o país no dia 21 de novembro deslanchou uma onda nacional de mobilizações e protestos que seguem contra as políticas e reformas neoliberais do Presidente Ivan Duque, cada vez mais acuado e desprestigiado.

A agenda proposta pelos movimentos populares varia em cada um desses países, mas todas têm um ponto em comum: a rejeição das políticas e reformas neoliberais, e a intolerância radical com relação a suas consequências sociais dramáticas – que já foram experimentadas várias vezes através de toda a história da América Latina – e que acabaram derrubando o próprio "modelo ideal" chileno. Frente a esta contestação quase unânime, duas coisas chamam muito a atenção dos observadores: a primeira é a paralisia ou impotência das elites liberais e conservadoras do continente, que parecem acuadas e sem nenhuma ideia ou proposta nova que não seja a reiteração de sua velha cantilena da austeridade fiscal e defesa milagrosa das privatizações, que vêm fracassando por todos os lados; e a segunda é a relativa ausência ou distanciamento dos Estados Unidos frente ao avanço da "revolta latina" – porque mesmo quando tenham participado do golpe boliviano, fizeram com uma equipe de terceiro time do Departamento de Estado, e não contaram com o entusiasmo que o mesmo departamento dedicou, por exemplo, à sua "operação Bolsonaro" no Brasil. Ao mesmo tempo, esse distanciamento americano tem dado maior visibilidade ao amadorismo e à incompetência da nova política externa brasileira, conduzida por seu chanceler bíblico.

Para entender melhor esse "déficit de atenção" americano, é importante olhar para alguns acontecimentos e desdobramentos internacionais dos dois últimos meses, que se encontram em pleno curso. É óbvio que não existe uma relação de causalidade necessária entre esses acontecimentos, mas com certeza há uma grande "afinidade eletiva" entre o que está passando na América Latina e a intensificação da luta interna dentro do *establishment* norte-americano, que alcançou um novo patamar com a abertura do processo de *impeachment* contra o Presidente Donald Trump, envolvendo diretamente sua política externa. Tudo indica que essa briga se tornou mais violenta depois que Trump demitiu John Bolton, seu conselheiro de Segurança Nacional, o que parece ter provocado uma inusitada convergência entre a ala mais belicista do Partido Republicano e do *"deep state"* norte-americano e um grupo expressivo de congressistas do Partido Democrático, que foi responsável pela decisão de julgar o Presidente Trump. É muito pouco provável que o *impeachment* se concretize, mas seu processo deverá se transformar num campo de batalha política e eleitoral até as eleições presidenciais de 2020.

Com o afastamento de Bolton e a intimação imediata para depor do secretário de Estado Mike Pompeo, desmontou-se a dupla – extremamente agressiva – que, junto com o vice-Presidente Mike Pence, foi responsável pela radicalização religiosa da política externa americana nos últimos dois anos. Com isso rompeu-se também a linha de comando da extrema-direita latino-americana, e talvez isso tenha deixado a descoberto seus operadores brasileiros de Curitiba e Porto Alegre, na hora em que foram desmascarados pelo site *Intercept*, como também tenha desfeito a devida cobertura ao pupilo idiota que eles ajudaram a instalar nas Relações Exteriores brasileiras.

Não se pode esquecer que Mike Pompeo teve papel decisivo na "trapalhada diplomática" da Ucrânia que deu origem ao processo de *impeachment*. Por isso, tudo o que hoje diga ou ameace o chefe do Departamento de Estado tem credibilidade e eficácia que serão cada vez menores, pelo menos até novembro de 2020. Mas esse não foi o único erro, nem é o único motivo da luta que divide a elite norte-americana no acirramento de sua briga interna. Pelo contrário, a causa mais importante dessa divisão está no fracasso da política americana de contenção da China e da Rússia, que não está conseguindo deter nem curvar a expansão mundial da China, e o acelerado avanço tecnológico-militar da Rússia. Duas forças expansivas que já desembarcaram na América Latina, modificando os termos e a eficácia da famosa Doutrina Monroe, formulada em 1822. Isso pôde ser verificado recentemente com o posicionamento russo frente à crise boliviana, sobretudo com a ajuda chinesa para "salvar" os dois últimos leilões, da "cessão onerosa", na Bacia de Campo, e da "partilha", na Bacia de Santos, e para viabilizar – muito provavelmente – as próximas privatizações anunciadas pelo Ministro Paulo Guedes. Tudo isso, a despeito e por cima das bravatas "judaico-cristãs" de seu chanceler.

Não é necessário repetir que não existe uma única causa, ou alguma causa necessária, que explique a "revolta latina" que começou no início do mês de outubro. Mas não há dúvida de que a divisão americana, junto com a mudança da geopolítica mundial, tem contribuído decisivamente para a fragilização das forças conservadoras na América Latina. Tem contribuído também para a acelerada desintegração do atual governo brasileiro e a perda de sua influência no continente latino-americano, com a possibilidade de que o Brasil se transforme brevemente num pária continental.

Por tudo isso, concluindo, quando se olha para a frente, é possível prever algumas tendências, apesar da densa neblina que encobre o futuro neste momento da nossa história:

    i) A divisão interna americana deve seguir e a luta deve aumentar, apesar de os grupos em disputa compartilharem o mesmo objetivo, que é, em última instância, preservar e expandir o poder global dos Estados Unidos. Mas os Estados Unidos encontraram uma barreira intransponível e já não conseguirão mais ter o poder que alcançaram depois do fim da Guerra Fria.

    ii) Por isso mesmo, os Estados Unidos se voltaram para o "hemisfério ocidental" com redobrada possessividade, mas também na América Latina eles estão enfrentando uma nova realidade, e já não conseguirão mais sustentar a incontestabilidade de seu poder.

    iii) Como consequência, será cada vez mais difícil impor à população local os custos sociais gigantescos da estratégia econômica neoliberal que eles apoiam ou tentam impor a toda sua periferia latino-americana. Trata-se de uma estratégia que é definitivamente incompatível com qualquer ideia de justiça e igualdade social, e que é literalmente inaplicável em países com maior densidade demográfica, maior extensão territorial e complexidade socioeconômica. Uma espécie de "círculo quadrado".

Por fim, apesar disso, existe um enigma no caminho alternativo proposto pelas forças progressistas. E este enigma não é técnico, nem tem a ver estritamente com política econômica, porque é um problema de "assimetria de poder". Na verdade, mesmo quando contestados, os Estados Unidos e o capital financeiro internacional mantêm seu poder de vetar, bloquear ou estrangular economias periféricas que tentem uma estratégia de desenvolvimento alternativa e soberana, fora da camisa de força neoliberal e mais próxima das reivindicações dessa grande revolta latino-americana.

30 de novembro de 2019.

## 2.21
# A esquerda, os militares, o imperialismo e o desenvolvimento

> As grandes potências são aqueles estados de toda parte da Terra que possuem elevada capacidade militar perante os outros, perseguem interesses continentais ou globais e defendem estes interesses por meio de uma ampla gama de instrumentos, entre eles a força e ameaças de força, sendo reconhecidos pelos estados menos poderosos como atores principais que exercem direitos formais excepcionais nas relações internacionais.
> TILLY, C. *Coerção, capital e estados europeus*. São Paulo: Edusp, 1996, p. 247.

Foi depois da Primeira Grande Guerra que o movimento socialista internacional repudiou o colonialismo europeu e transformou o "imperialismo" no inimigo número um da esquerda mundial. Assim mesmo, quando os socialistas chegaram pela primeira vez ao poder na Europa e foram obrigados a governar economias capitalistas, não conseguiram extrair consequências de sua própria teoria do imperialismo para o plano concreto das políticas públicas. E quando foram chamados a comandar diretamente a política econômica, como no caso de Rudolf Hilferding, entre outros, seguiram o receituário vitoriano clássico, do *"sound money and free markets"* – até muito depois da Segunda Guerra, quando aderiram, já nos anos de 1960 e 1970, às ideias, propostas e políticas keynesianas. Mas na década de 1980, esses mesmos partidos se converteram ao programa ortodoxo da austeridade fiscal e das reformas liberais que levaram à desmontagem parcial do Estado de Bem-estar Social.

O mesmo problema reapareceu de forma mais dramática quando tocou aos socialistas e às forças de esquerda governarem países "periféricos" ou "subdesenvolvidos". Também nesses casos, os teóricos do imperialismo e da dependência tiveram muita dificuldade para decidir qual seria o modelo de política econômica "ideal" para as condições específicas de um país situado no "andar de baixo" da hierarquia mundial do poder e da riqueza.

No caso da América Latina, a Cepal formulou nos anos de 1950 uma teoria "estruturalista" do comércio internacional e da inflação, e propôs um programa de industrialização por "substituição de importações" que lembrava as teorias e propostas de Friederich List, economista alemão do século XIX, com a diferença de que as ideias cepalinas não tinham nenhum tipo de conotação nacionalista ou coloração anti-imperialista. Na prática, entretanto, dentro e fora da América Latina, os governos de esquerda dos países periféricos acabaram, quase invariavelmente, derrubados ou estrangulados financeiramente pelas grandes potências do sistema mundial, sem terem conseguido descobrir o caminho do crescimento e da igualdade, em uma economia capitalista subdesenvolvida e no contexto de um sistema internacional assimétrico, competitivo e extremamente bélico.

Apesar de tudo, essas experiências deixaram um ensinamento fundamental: os modelos e políticas econômicas que funcionam em um país do "andar de cima" não funcionam necessariamente em países situados nos escalões inferiores do sistema; e menos ainda quando esses países do "andar de baixo" tiveram a ousadia de querer mudar sua posição relativa dentro da hierarquia mundial do poder.

Desta perspectiva, para poder avançar neste debate, é útil distinguir pelo menos quatro tipos ou grupos de países[58], do ponto de vista de sua estratégia de desenvolvimento e posição com relação à potência dominante em cada um dos grandes tabuleiros geopolíticos e econômicos do sistema mundial. No primeiro grupo encontram-se os países que lideram ou lideraram a expansão do sistema mundial, em distintos níveis e momentos históricos, as chamadas "grandes potências" do presente e do passado, desde a origem do sistema interestatal capitalista; no segundo grupo estão os países que foram derrotados e submetidos pelas grandes potências, ou que adotaram voluntariamente estratégias de integração econômica com as potências vitoriosas, transformando-se em seus *dominiuns* econômicos e protetorados militares; no terceiro grupo devem ser situados os países que lograram se desenvolver questionando a hierarquia internacional estabelecida e adotando estratégias econômicas nacionais que priorizaram a mudança de posição do país dentro do poder e da riqueza mundiais; e por fim, no quarto grupo, podemos situar todos os demais países e economias nacionais situadas na periferia do sistema e que não puderam ou não se propuseram sair dessa condição, ou mesmo sofreram um processo de deterioração ou decadência depois de terem alcançado níveis mais altos de desenvolvimento, como no caso de alguns países africanos e latino-americanos.

No caso da América Latina, a potência dominante sempre foram os Estados Unidos, que da Segunda Guerra Mundial até o final da década de 1970, pelo menos, defenderam e patrocinaram na sua "zona de influência" um projeto de tipo "desenvolvimentista" que prometia rápido crescimento econômico e moderniza-

---

58. FIORI, J.L. *História, estratégia e desenvolvimento*. São Paulo: Boitempo, 2015, p. 43-44.

ção social, como caminho de superação do subdesenvolvimento latino-americano. Mas depois da sua crise dos anos de 1970, e em particular na década de 1980, os norte-americanos mudaram sua estratégia econômica internacional e abandonaram definitivamente seu projeto e patrocínio desenvolvimentista. Passaram então a defender, *urbe et orbi*, um novo programa econômico de reformas e políticas neoliberais que ficou conhecido pelo nome de "Consenso de Washington", que se transformou no núcleo central de sua retórica vitoriosa depois do fim da Guerra Fria. Combinavam a defesa dos mercados livres e desregulados com a defesa da democracia e da desestatização das economias que haviam seguido seu ideário anterior, que propunha um crescimento econômico rápido e induzido pelo Estado. Foi quando o neoliberalismo se transformou no pensamento hegemônico de quase todos os partidos e governos da América Latina, incluindo os partidos socialistas e social-democratas. Na segunda década do século XXI, entretanto, os Estados Unidos voltaram a redefinir e mudar radicalmente seu projeto econômico para a periferia latina e mundial, defendendo um ultraliberalismo radical e com forte viés autoritário, sem nenhum tipo de preocupação social ou promessa para o futuro, seja de maior justiça ou de maior igualdade.

É nesse contexto hemisférico que se deve ler, interpretar e discutir a trajetória econômica brasileira da Segunda Guerra Mundial até hoje, começando pelo sucesso econômico de seu "desenvolvimentismo conservador", que foi sempre tutelado pelos militares e apoiado pelos Estados Unidos. Em troca, por todo esse período, os militares brasileiros se submeteram à estratégia militar dos Estados Unidos durante a Guerra Fria, transformando-se no único caso de sucesso no continente latino-americano daquilo que alguns historiadores econômicos costumam chamar de "desenvolvimento a convite", que se encaixa diretamente no segundo tipo de estratégia e de desenvolvimento da nossa classificação anterior. Ressalva deve ser feita ao Governo Geisel, que se manteve fiel ao anticomunismo americano, mas ensaiou uma estratégia de centralização e estatização econômica e de conquista de maior autonomia internacional, que foi vetada e derrotada pelos Estados Unidos e pelo próprio empresariado brasileiro[59].

É exatamente o período "geiselista" do regime militar brasileiro que deixa muitos analistas confundidos quando o comparam com o ultraliberalismo do atual governo "paramilitar" instalado no Brasil em 2018. Na verdade – excluída a

---

59. "O Governo Geisel tentou impor um novo movimento de centralização econômica, mas já não encontrou o apoio social e político – nacional e internacional –, de início do regime militar. Por isso fracassou, e, apesar da aparência em contrário, seu intento acelerou a divisão interna dos militares, que cresceu ainda mais nos anos seguintes e acabou levando-os à impotência final" (FIORI, J.L. *Conjuntura e ciclo na dinâmica de um Estado periférico*. São Paulo: Universidade São Paulo [mimeo.], 1985, p. 214 [Tese de doutorado]).

"excrescência bolsonarista" –, os militares brasileiros seguem no mesmo lugar, na mesma posição que ocuparam nos golpes de 1954 e de 1964: aliados com as mesmas forças conservadoras e com a extrema-direita religiosa, e alinhados de forma incondicional e subalterna com os Estados Unidos. E é por isso que não representa nenhum constrangimento para eles o fato de terem sido "nacional-desenvolvimentistas" na segunda metade do século XX, e serem agora "nacional-liberistas" neste início do século XXI. Acreditam que, uma vez mais, seu alinhamento automático com os Estados Unidos lhes garantirá o mesmo sucesso econômico que tiveram durante a Guerra Fria, só que agora através de mercados desregulados, desestatizados e desnacionalizados.

O que os atuais militares brasileiros ainda não perceberam, entretanto, é que a estratégia de desenvolvimento ultraliberal esgotou-se em todo mundo, em particular no caso dos estados e economias nacionais de maior extensão e complexidade, como o Brasil. E que os Estados Unidos já não estão em condições nem querem assumir a responsabilidade pela criação de um novo tipo de *dominium canadense* ao sul do continente americano. Além disso, nessa nova fase, os Estados Unidos estão inteiramente dedicados à competição entre as três grandes potências que restaram no mundo[60]; não têm mais nenhum tipo de aliado permanente ou incondicional, com exceção de Israel e Arábia Saudita; e consideram que seus interesses econômicos e estratégicos nacionais estão por cima de qualquer acordo ou aliança com qualquer tipo de país, que por definição será sempre passageira. Por sua própria conta, a agenda ultraliberal pode garantir um aumento da margem de lucro dos capitais privados, sobretudo depois da destruição da legislação trabalhista e no período das grandes privatizações. Mas, definitivamente, a agenda ultraliberal não conseguirá dar conta do desafio simultâneo do crescimento econômico e da diminuição da desigualdade social brasileira.

No entanto, esse "fracasso anunciado" traz de volta o grande desafio e a grande incógnita da esquerda e das forças progressistas, até porque o antigo desenvolvimentismo brasileiro não foi uma obra de esquerda, como já dissemos, mas sobretudo uma obra conservadora e militar que não teria tido grande sucesso se não tivesse contado com o "convite" norte-americano. E exatamente por isso fica muito difícil querer reinventá-lo utilizando apenas novas fórmulas e equações macroeconômicas. Talvez por isso mesmo às vezes se tem a impressão, hoje, de que a esquerda econômica vive prisioneira de um debate circular e inconclusivo, sempre em busca da fórmula mágica ou ideal que supõe ser capaz de responder por si só ao triplo desafio do crescimento, da igualdade e da soberania.

---

60. COLBY, E.A. & MITCHELL, A.W. "The Age of Great-Power Competition – How the Trump Administration Refashioned American Strategy". In: *Foreign Affairs This Week*, 27/12/2019.

Em momentos de grandes "bifurcações históricas" é preciso ter coragem de mudar a forma de pensar; é preciso "rebobinar" as ideias, mudar o ângulo e trocar o paradigma. Isso é muito difícil de esperar dos militares porque eles foram educados para pensar sempre da mesma maneira, e foram treinados para fazer a mesma coisa todo dia, em ordem unida. O problema maior, entretanto, vem da resistência dos economistas progressistas que, quando ouvem falar em "imperialismo", "dependência" ou em "assimetria do poder internacional", preferem se esconder atrás do argumento velho e preguiçoso de que se trata de uma "visão conspiratória" da história, sem querer enfrentar a dura realidade revelada por Max Weber, quando nos ensinou que "os processos de desenvolvimento econômico são lutas de poder e dominação [e por isso] a ciência da política econômica é uma ciência política, e como tal não se conserva virgem com relação à política quotidiana: a política dos governos e das classes no poder; pelo contrário, depende dos interesses permanentes da política de potência das nações"[61].

30 de dezembro de 2019.

---

61. WEBER, M. *Escritos políticos*. México: Folio, 1982, p. 18.

## 2.22
# A esquerda e o governo: suas ideias e lições históricas (I)

> *Entre 1922 e 1926, Leon Blum desenvolveu uma distinção conceitual entre a "conquista do poder" e o "exercício do poder". A "conquista do poder" era uma ideia revolucionária, embora não fosse necessariamente um ato violento, que levaria a uma nova ordem social baseada em novas relações de propriedade. [...] E o segundo conceito – de "exercício do poder" – funcionaria como uma justificação teórica para quando o Partido Socialista Francês fosse obrigado a governar, antes que as condições da conquista do poder estivessem maduras.*
> SASSOON, D. *One Hundred Years of Socialism.* Londres: Fontana Press, 1997, p. 53.

Ao começar a terceira década do século XXI, a esquerda e as forças progressistas da América Latina estão sendo chamadas para governar o México e a Argentina, e o mesmo deve acontecer no Chile e na Bolívia, depois de suas eleições presidenciais de 2020. E não é impossível que isto se repita no Brasil, e até mesmo na Colômbia, depois de 2022. Cresce em todo o continente latino-americano – menos no Brasil, por enquanto – a consciência de que as políticas neoliberais não conseguem atender à necessidade de um crescimento econômico acelerado, nem muito menos a urgência da eliminação da miséria e da diminuição da desigualdade social. Mas também cresce a consciência de que o velho modelo nacional-desenvolvimentista esgotou seu potencial depois de completar a agenda da Segunda Revolução Industrial, e depois de perder o apoio norte-americano no final dos anos de 1970.

Mesmo no caso do "social-desenvolvimentismo" do Governo Lula, que obteve grande sucesso econômico e social em seus primeiros dez anos, discute-se ainda hoje por que ele não conseguiu dar uma resposta adequada à desaceleração da economia mundial, à perda de seu apoio empresarial e ao boicote parlamentar que sofreu das forças conservadoras. Muitos ainda pensam que tudo foi consequência de algum "erro" de política econômica, quando de fato o governo foi surpreendido por uma grande mutação sociológica interna, promovida por suas próprias políticas, e por um "tufão" geopolítico e geoeconômico internacional que colocou o Brasil de joelhos, numa "bifurcação histórica" em que as fórmulas e soluções tradicionais já não funcionam mais.

Neste momento, para não perder a luta pelo futuro, é fundamental que a esquerda releia e repense sua própria história, em particular a história de sua relação com o governo, e com a dificuldade de governar e reformar – a um só tempo – uma economia capitalista periférica e extremamente desigual.

O problema da "gestão socialista" do capitalismo só se colocou efetivamente para os partidos socialistas e comunistas europeus quando foram chamados a participar, de forma urgente e minoritária, nos governos de "unidade nacional" e nas "frentes populares" que se formaram durante a Primeira Guerra Mundial e a crise econômico-financeira de 1929/1930[62]. Duas situações "emergenciais" em que a esquerda abriu mão – pela primeira vez – de seus objetivos revolucionários para ajudar as forças conservadoras a responderem a um desafio grave e imediato que ameaçava suas nações.

Naquele momento, os principais problemas eram o desemprego massivo e a hiperinflação, provocados pelo colapso das economias europeias, e os partidos de esquerda não tinham nenhuma posição própria sobre o assunto, que não estava previsto, literalmente, em seus debates doutrinários do século XIX. Por isso, quando foram chamados a ocupar posições de governo, e em alguns casos os próprios ministérios econômicos, acabaram repetindo as mesmas ideias e políticas ortodoxas praticadas pelos governos conservadores de antes da guerra. A notável exceção foram os social-democratas suecos, que enfrentaram a crise de 1930 com uma política original e ousada de incentivo ao crescimento econômico e ao pleno emprego, através das políticas anticíclicas propostas pela Escola de Estocolmo, de Johan Wicksell.

Logo depois da Segunda Guerra, ao conquistar o governo da Inglaterra e da Áustria, Bélgica, Holanda e da própria Suécia, os trabalhistas ingleses e os governos social-democratas desses pequenos países experimentaram, com grande sucesso, um novo tipo de "pacto social" visando regular preços e salários, e um novo tipo de planejamento econômico democrático, inspirado na própria experiência das duas grandes guerras. Depois disso, já nos anos de 1950, a esquerda europeia acabou formulando progressivamente as ideias básicas de duas grandes estratégias fundamentais: a primeira e mais bem-sucedida, de construção do "Es-

---

62. Este artigo reedita, atualiza e desenvolve informações e ideias que apareceram no texto "Olhando para a esquerda latino-americana", publicado em DINIZ, E. (org.). *Globalização, estados e desenvolvimento*. Rio de Janeiro: FGV, 2007.

tado de Bem-estar Social", adotado por quase todos os partidos e governos social-democratas e trabalhistas da Europa, nas décadas de 1960 e 1970; e a segunda, associada mais diretamente aos comunistas franceses, que propunha a construção de um "capitalismo organizado de Estado", mas que foi muito pouco utilizada pelos governos social-democratas daquele período, apesar de ter exercido grande influência sobre a esquerda "nacional-desenvolvimentista" latino-americana.

O programa social-democrata de construção do "Estado de Bem-estar Social" combinava uma política fiscal ativa do "tipo keynesiano", com o objetivo do pleno emprego, através da construção de sistemas de saúde, educação e proteção social públicos e universais, junto com um forte investimento estatal em redes de infraestrutura e de transporte público. Já o projeto do "capitalismo" propunha a criação de um setor produtivo estatal que fosse estratégico e que liderasse o desenvolvimento de uma economia nacional capitalista dinâmica e igualitária.

A partir dos anos de 1980, mas sobretudo depois da "Queda do Muro de Berlim" e da crise do comunismo internacional, os socialistas e social-democratas europeus aderiram à grande "onda neoliberal" iniciada e difundida pelos países anglo-saxões. Nesse período, a transição democrática e o neoliberalismo do governo socialista de Felipe González transformaram-se numa espécie de um *show case* que teve grande impacto na esquerda mundial e, de maneira particular, na esquerda latino-americana. Muito mais do que a "deserção keynesiana" do governo de François Mitterrand, com seu estatismo mitigado e "gaullismo europeizado". González foi eleito com um programa clássico de governo de tipo keynesiano, com um plano negociado de estabilização e crescimento econômico voltado para o pleno emprego e a diminuição da desigualdade social. Mas logo no início do seu governo, assim como Mitterrand, González abandonou sua política econômica inicial e seu projeto de "Estado de Bem-estar Social", trocando a ideia de um "pacto social" pela ortodoxia fiscal e o desemprego, como forma de controlar preços e salários, abandonando completamente a ideia de utilização e fortalecimento do setor produtivo estatal espanhol, que vinha do período franquista e era bastante expressiva.

No final do século XX, entretanto, já havia ficado claro que as novas políticas e reformas neoliberais tinham diminuído a participação dos salários na renda nacional, restringido e condicionado os gastos sociais, acabado com a segurança do trabalhador e promovido um aumento gigantesco do desemprego, sobretudo no caso espanhol. Com o passar do tempo, foi ficando claro que as novas políticas tinham um viés fortemente "pró-capital", como no caso das políticas anteriores, mas não produziam os mesmos resultados favoráveis aos trabalhadores, como foi o caso do "Estado de Bem-estar Social" e do pleno emprego do "período keynesiano". Como consequência, a esquerda europeia sofreu sucessivas derrotas eleitorais e acabou perdendo inteiramente sua própria identidade ao contribuir para a destruição de sua principal obra, que havia sido o "Estado de Bem-estar Social". Culminou com o caso dramático da vitória e humilhação sucessiva, pela União Europeia, do governo de esquerda de Alexis Tsipas, na Grécia, em 2015. Dali para a frente, o que se assistiu foi um avanço generalizado das forças de direita e uma verdadeira "ressaca progressista" que só começou a se dissipar recentemente, com a vitória eleitoral e a formação dos governos de esquerda em Portugal e na Espanha, apesar de ainda não se ter uma perspectiva clara sobre seu futuro nesta terceira década do século XXI.

Depois de tudo e como balanço final da experiência de um século que pode ser útil para a reflexão da esquerda latino-americana com relação ao seu futuro a partir da terceira década do século XXI, podemos afirmar, em grandes linhas, que:

i) Nunca existiu uma originalidade completa nas experiências de governo da esquerda europeia. Na verdade, houve um "diálogo" permanente e uma mútua influência, durante todo o século XX, entre as ideias e projetos dos governos conservadores e de esquerda, como no caso da relação entre as ideias social-democratas da Escola Econômica de Estocolmo, e as ideias liberais do Lord Keynes; ou mesmo da relação entre a ideia e a estratégia de planejamento soviético com as experiências de planejamento de guerra das economias "ocidentais".

ii) Esse "diálogo" ficou ainda mais visível no campo da política econômica ou macroeconômica, onde os governos de esquerda foram quase sempre ortodoxos, como no caso clássico de Rudolf Hilferding, ao assumir o Ministério da Fazenda da Alemanha em 1928. Mas também no caso do Partido Laborista inglês, que optou em 1929 pela "visão do Tesouro", contra a opinião liberal de John Keynes e David George, a mesma opção feita pelo governo social-democrata de Leon Blum na França, em 1936. Mesmo depois da Segunda Guerra Mundial, nas crises monetárias de 1966 e 1972, os governos de Harold Wilson e Helmut Schmid voltaram rapidamente ao trilho conservador da ortodoxia monetarista.

iii) E o mesmo se pode dizer com relação à política externa dos governos de esquerda europeus do século XX, que nunca foi homogênea nem inovadora. Sua divisão interna começou com a votação dos orçamentos de guerra, em 1914. Mas depois, na década de 1930, as coalizões de governo com participação socialista ou social-democrata também se dividiram frente à Guerra Civil Espanhola e aos primeiros passos da escalada nazista. E voltaram a se dividir durante a Guerra Fria, e depois que ela acabou também se dividiram na discussão das relações da União Europeia com os Estados Unidos e a Rússia. Em todo o século XX, uma das raras iniciativas realmente originais e autônomas da esquerda no campo da política internacional, afora sua solidariedade genérica com o "Terceiro Mundo", foi a *Ostpolitik* do governo social-democrata de Willy Brandt, em 1969, que viabilizou os acordos de desarmamento, das décadas de 1970 e 1980, iniciando o grande movimento "ao leste" da Alemanha, que segue ainda hoje.

Assim mesmo, pode-se dizer que os governos socialistas e social-democratas do século XX deram uma contribuição decisiva e definitiva ao avanço mais democrático e igualitário das sociedades europeias. E este parece ser o grande paradoxo dessa história: as políticas de governo da esquerda sempre tiveram forte componente conservador, mas no final o conjunto da obra foi criativo e contribuiu decisivamente para o aumento da igualdade econômica e o aprofundamento da democracia social e política europeia.

28 de janeiro de 2020.

## 2.23 A esquerda e o governo: suas ideias e lições históricas (II)

Na América Latina, a história da esquerda e de sua experiência governamental seguiu uma trajetória diferente da Europa, mas sofreu grande influência das ideias e estratégias discutidas e seguidas pelos europeus. De forma muito sintética, pode-se afirmar que tudo começou com a proposta revolucionária do Plano Ayala, apresentado em 1911 pelo líder camponês da Revolução Mexicana, Emiliano Zapata.

Zapata propunha a coletivização da propriedade da terra e sua devolução à comunidade dos índios e camponeses mexicanos. Foi derrotado e morto, mas seu programa agrário foi retomado alguns anos depois pelo Presidente Lázaro Cárdenas, um militar nacionalista que governou o México entre 1936 e 1940 e criou o Partido Revolucionário Institucional (PRI), que governou o país durante quase todo o século XX. O governo de Cárdenas fez a reforma agrária, estatizou as empresas estrangeiras produtoras de petróleo, criou os primeiros bancos estatais de desenvolvimento industrial e de comércio exterior da América Latina, investiu em infraestrutura, fez políticas de industrialização e proteção do mercado interno mexicano, criou uma legislação trabalhista, tomou medidas de proteção social dos trabalhadores e exercitou uma política externa independente e anti-imperialista.

O fundamental dessa história, no entanto, para a esquerda latino-americana, é que esse programa de políticas públicas do governo de Cárdenas se transformou, depois dele, numa espécie de denominador comum de vários governos latino-americanos – "nacional-populares" ou "nacional-desenvolvimentistas" – como foi o caso de Perón, na Argentina; de Vargas, no Brasil; de Velasco Ibarra, no Equador; e de Paz Estensoro, na Bolívia. Nenhum deles era socialista, comunista ou social-democrata, nem mesmo era de esquerda, mas suas propostas políticas e posições no campo da política externa se transformaram numa espécie de paradigma básico que acabou sendo adotado e apoiado por quase toda a esquerda reformista latino-americana, pelo menos até 1980.

Em grandes linhas, foram esses mesmos ideais e objetivos que inspiraram a revolução camponesa boliviana de 1952; o governo democrático de Jacobo Arbenz, na Guatemala, entre 1951 e 1954; a primeira fase da Revolução Cubana, entre 1959 e 1962; o governo militar reformista do General Velasco Alvarado, no Peru, entre 1968 e 1975; e o próprio governo de Salvador Allende, no Chile, entre 1970 e 1973. No caso de Cuba, entretanto, a invasão de 1961 e as sanções americanas apressaram a opção socialista, que levou o governo de Fidel Castro à coletivização da terra e a estatização e planejamento central da economia. O mesmo modelo que orientaria, mais tarde, a primeira fase da Revolução Sandinista da Nicarágua, de 1979, e o próprio "socialismo do século XXI", proposto pelo ex-presidente da Venezuela, Hugo Chávez, que voltou a despertar a ira dos Estados Unidos e acabou transformando a Venezuela no segundo país da América Latina a desafiar a Doutrina Monroe.

Assim mesmo, em toda a América Latina, foi só no Chile que houve governos de esquerda ou com participação de partidos de esquerda, na primeira metade do século XX. Em 1932, durante a efêmera República Socialista do Chile, proclamada pelo oficial da Força Aérea Marmaduke Grove. E depois, durante os governos da Frente Popular, entre 1938 e1947, formada por socialistas e comunistas ao lado dos radicais, e que foi interrompida pela intervenção americana logo no início da Guerra Fria. Nessa época, entretanto, a esquerda da América Latina em geral não se colocou o problema de uma "gestão socialista" do capitalismo, nem discutiu qualquer tipo de programa de governo. O pensamento hegemônico era revolucionário, e a esquerda só concebia um governo que fosse revolucionário, segundo o modelo soviético, que era o único conhecido naquele momento.

Foi só depois da Segunda Guerra Mundial, com a adesão de quase todos os partidos comunistas do continente à teoria da "revolução democrático-burguesa", que se consolidou a ideia de uma aliança com outras "forças progressistas" que apoiassem um projeto de aceleração do desenvolvimento e da industrialização das economias latino-americanas. E foi esse novo projeto que obrigou a esquerda a pensar sobre a hipótese e a necessidade de formular programas concretos de governo. Nesse novo contexto dos anos de 1950, iniciou-se o diálogo da esquerda com o "pensamento desenvolvimentista" e, em particular, com o programa de industrialização proposto pela Comissão Econômica para a América Latina (Cepal), que havia sido criada em 1949 sob a liderança intelectual de Raul Prebisch.

A Cepal defendia a proteção da "indústria nascente" e o planejamento de longo prazo dos investimentos em infraestrutura e inovação tecnológica. Incorporava algumas propostas reformistas que lembravam o "modelo mexicano" da década de 1930, numa versão tecnicamente mais elaborada, mas menos nacionalista e menos estatista do que havia sido o governo do Presidente Lázaro Cárdenas. O diálogo intelectual da esquerda com o "desenvolvimentismo" da Cepal, e também com o "nacional-desenvolvimentismo" conservador de vários países da região foi muito frequente, mas no Brasil e no Chile ele alcançou maior nível teórico e técnico.

No Brasil, a relação da esquerda com o nacional-desenvolvimentismo foi marcada por dois acontecimentos fundamentais da década de 1930: o primeiro foi o desaparecimento precoce da Aliança Nacional Libertadora (ANL) – uma espécie de embrião das frentes populares espanhola, francesa e chilena –, dissolvida depois do fracasso da revolta militar comunista de 1935; e o segundo foi o golpe de Estado conservador de 1937, que deu origem ao Estado Novo e ao seu projeto autoritário de industrialização e construção dos primeiros sistemas de proteção social urbana da população trabalhadora.

Talvez por isso o Partido Comunista Brasileiro (PCB) tenha sido um dos últimos na América Latina a abandonar a estratégia revolucionária da "Frente Democrática de Libertação Nacional" e só tenha aderido plenamente à estratégia da "aliança democrático-burguesa" na década de 1950. Foi essa inflexão, aliás, que permitiu que os próprios comunistas revissem sua posição crítica com relação ao segundo Governo Vargas e, em particular, com relação ao nacional-desenvolvimentismo de sua assessoria econômica. O mesmo aconteceu com relação ao governo de Juscelino Kubitschek, que foi transformado por muitos na figura emblemática do "industrialismo democrático-burguês" na época da experiência pioneira de convivência intelectual da esquerda com vários matizes do nacional-desenvolvimentismo, dentro do Instituto Superior de Estudos Brasileiros (Iseb).

Mais à frente, já na década de 1960, a esquerda teve presença mais ativa durante o curto governo do Presidente João Goulart, e foi então que o economista Celso Furtado – de tradição cepalina – propôs o seu Plano Trienal, que combinava um conjunto de reformas sociais com uma política fiscal ortodoxa, mas que mesmo assim sofreu forte oposição das forças conservadoras e de segmentos mais radicais da esquerda, que incluíam então suas "dissidências" trotskistas e maoistas.

Na mesma década de 1960, entretanto, a teoria e a estratégia da "revolução democrático-burguesa" sofreram um ataque teórico e intelectual que não veio dessas dissidências clássicas, partindo do grupo de intelectuais marxistas que foi responsável pela chamada "teoria da dependência", formulada em vários centros de pensamento latino-americanos e que contou com a importante participação de um grupo de professores brasileiros.

A "teoria da dependência" questionava a possibilidade de uma aliança e uma revolução "democrático-burguesa", pela inexistência ou fragilidade da própria "burguesia nacional" em um continente inteiramente dependente dos Estados Unidos. Os "dependentistas", entretanto, que não aderiram à visão revolucionária cubana, tampouco formularam qualquer tipo de estratégia alternativa, nem muito menos chegaram a discutir qualquer tipo de programa de governo não desenvolvimentista. Isso só aconteceria muito mais tarde, em particular no caso de Fernando H. Cardoso, que foi um dos formuladores dessa teoria e que aderiu ao neoliberalismo nos anos de 1990, já na condição de presidente brasileiro.

Ainda nos anos de 1970, outro segmento intelectual de economistas de esquerda também formulou uma teoria própria sobre o que seriam as especificidades do "capitalismo tardio" brasileiro e estabeleceu um diálogo fecundo com o pensamento keynesiano e outros economistas "heterodoxos" que vieram a influenciar alguns governos posteriores depois da redemocratização, em 1985.

A relação intelectual da esquerda com o desenvolvimentismo conservador embaralhou-se definitivamente depois que o regime militar instalado em 1964 – de extrema-direita e anticomunista – adotou, no final daquela década, uma estratégia econômica pautada pelas ideias e objetivos nacional-desenvolvimentistas que os próprios militares haviam ajudado a formular durante o Estado Novo, e também durante os anos de 1950. Talvez por isso, quando a esquerda brasileira voltou à cena depois da redemocratização, na segunda metade da década de 1980, a maior parte de sua militância jovem viesse a ter um forte viés "antiestatal", "antinacionalista" e "antidesenvolvimentista". E só um segmento minoritário, sobretudo intelectual, tenha apostado na possibilidade de uma nova versão democrática e progressista do desenvolvimentismo, que combinava alguns traços da velha ideia do "capitalismo de Estado", defendida pelos comunistas franceses, com o projeto de "Estado de Bem-estar Social", defendido pela social-democracia europeia.

Depois da redemocratização, e sobretudo depois da Constituinte de 1988, grande parte da esquerda mais jovem, nascida durante a ditadura militar, passou a integrar "movimentos sociais" e "coletivos" que retomaram a trilha do socialismo utópico, com forte crítica à esquerda tradicional e ao seu "estatismo" desenvolvimentista. Um outro segmento dessa mesma tendência tomou o caminho neoliberal, defendendo o fim do "populismo fiscal" e a privatização do aparelho produtivo estatal. Esse foi o caminho tomado no Brasil pelos que criaram o PSDB, mas também por um grupo importante de fundadores do Partido dos Trabalhadores, que compartilhavam a mesma crítica ao Estado, ao nacionalismo e ao desenvolvimentismo.

No Chile, por outro lado, a força dos partidos de esquerda e do pensamento marxista, desde os anos de 1920-1930, favoreceu um diálogo mais direto e "igualitário" da esquerda com o pensamento "desenvolvimentista" da Cepal, cuja sede estava na cidade de Santiago, capital do Chile. Antes da própria criação da ONU, os comunistas e socialistas que participaram dos governos da Frente Popular chilena já haviam adotado como programa de governo o mesmo figurino de Lázaro Cárdenas no México, sobretudo no que diz respeito ao planejamento e financiamento das políticas de industrialização, proteção do mercado interno e construção de infraestrutura, além da legislação trabalhista e dos programas de universalização da educação e da saúde pública.

Em 1970, a esquerda voltou ao governo no Chile, com a vitória eleitoral da Unidade Popular, mas desta vez seu projeto era mais ambicioso e propunha diretamente a "transição democrática para o socialismo". Na prática, entretanto, o governo de Salvador Allende contou com a colaboração de vários economistas da Cepal, que contribuíram para que o programa de governo de Allende apontasse simultaneamente numa direção que era desenvolvimentista, mas ao mesmo tempo defendesse uma espécie de "capitalismo organizado de Estado", como caminho econômico na direção do "socialismo democrático".

O governo de Allende acelerou a reforma agrária e a nacionalização das empresas estrangeiras produtoras de cobre, iniciadas pelo governo democrata-cristão de Eduardo Frei, e iniciou a criação de um "núcleo industrial estratégico", de propriedade estatal, para liderar a economia chilena e que fosse o embrião de uma futura economia socialista. A "transição democrática para o socialismo" de Salvador Allende foi interrompida por um golpe militar que contou com o apoio decisivo dos Estados Unidos, em 1973, e o debate teórico e estratégico da esquerda chilena sobre "socialismo democrático" e "capitalismo organizado" foi interrompido, ficando inconcluso.

Depois disso, o Chile se transformou, na década de 1970, no laboratório pioneiro de experimentação do "fascismo de mercado" de que fala Paul Samuelson. Em 1990, entretanto, o Partido Socialista voltou ao governo, aliado com os democrata-cristãos. Nessa nova oportunidade, os socialistas chilenos já haviam mudado sua posição e aderido ao novo programa neoliberal patrocinado também pelos socialistas e social-democratas europeus. Seu objetivo já não era mais "transitar" para o socialismo; era apenas administrar com eficiência uma economia liberal de mercado, ainda que com algumas correções sociais importantes. Até o momento em que o Chile foi tomado de norte a sul, e de leste a oeste, pela "rebelião social" de outubro de 2019, que ainda não terminou e que exige o fim dos últimos vestígios do modelo ultraliberal instaurado pela Constituição de 1982, imposta pela ditadura militar do General Pinochet.

Na primeira década do século XXI, pela primeira vez na história do continente, e depois do rotundo fracasso das experiências neoliberais da década anterior, a esquerda assumiu o governo de vários países importantes na América do Sul, incluindo Brasil e Argentina – muitas vezes aliada com partidos de centro e até de centro-direita, mas com novas lideranças que se projetaram mundialmente com um discurso contrário ao neoliberalismo e um projeto de desenvolvimento capitalista mais igualitário, sustentável e soberano.

Na segunda década do século, contudo, quase todas essas experiências de governo foram interrompidas por uma reversão direitista e neoliberal, passando pelo golpe de Estado em vários casos, com forte intervenção norte-americana. Reproduziu-se um movimento cíclico, na forma de uma "gangorra", que já se transformou há mais tempo num "padrão regular" da Argentina. Apesar disso, deve-se destacar o grande sucesso político e econômico dessa experiência pioneira em dois pequenos países, como foi o caso do Uruguai e da Bolívia, apesar de que a bem-sucedida experiência boliviana também tenha sido interrompida por um golpe de Estado patrocinado conjuntamente por Brasil e Estados Unidos.

No caso particular e extremamente bem-sucedido do Governo Lula, independentemente de variações ocasionais da sua política macroeconômica, o crescimento econômico acelerado somou-se a uma queda da dívida líquida do setor público com relação ao PIB, e ao aumento exponencial das reservas, com aumento simultâneo do emprego e dos salários, e com a queda da miséria e da desigualdade social. Tudo isso somado a uma política externa afirmativa e soberana, com a promoção ativa da integração latino-americana. E mesmo que tenha havido uma desaceleração da economia durante o governo de Dilma Rousseff, não foi isso que causou o golpe de Estado de 2015/2016.

Sobre este ponto controverso, o que a história ensina é que não existem políticas econômicas "certas" ou "erradas" em termos absolutos; o que existe são políticas mais ou menos adequadas, uma vez definidos os objetivos estratégicos e os desafios imediatos do governo. E assim mesmo, as mesmas políticas podem ter resultados completamente diferentes, dependendo de cada governo e de cada país, haja vista o caso da Venezuela.

Independentemente de outros erros políticos ou estratégicos eventuais de seu governo, fica quase ridículo discutir "academicamente" "erros" de política econômica em um país que está literalmente cercado e vive sob o peso de "sanções econômicas" impostas pelos Estados Unidos desde seu fracassado golpe de Estado de 2002, e de forma ainda mais rigorosa, a partir de 2014. No caso desses países que sofrem "sanções econômicas", é muito difícil encontrar uma saída que seja viável e eficiente, e que ao mesmo tempo cause o menor dano social possível. A única alternativa conhecida até hoje segue sendo a "economia de guerra" praticada pelos norte-americanos e europeus em vários momentos de sua história, em particular durante as duas grandes guerras do século XX.

Esse não é um caminho inevitável, nem é confortável para ninguém, mas com certeza deve servir como advertência para todos os governos de esquerda que estão iniciando neste começo da terceira década do século XXI.

Fevereiro de 2020.

# *Post-scriptum*

## O desafio, a história e a estratégia

> *Nos momentos de grandes "bifurcações históricas" é preciso ter coragem de mudar a forma de pensar, é preciso "rebobinar" as ideias, mudar o ângulo e trocar o paradigma.*
> FIORI, J. L. "A esquerda, os militares, o imperialismo e o desenvolvimento". In: *Jornal do Brasil*, 07/01/2020.

Não existe uma resposta fácil, nem uma solução simples para o impasse da América Latina. Dividida e polarizada, seguirá se autodestruindo se não repensar sua posição internacional e redefinir sua estratégia de desenvolvimento em um sistema mundial que é extremamente hierárquico, competitivo e bélico, e onde o desenvolvimento capitalista é inseparável da luta geopolítica pelo poder internacional.

Neste momento, à primeira vista, parece que a América Latina já perdeu o "bonde da história" e entrou num processo precoce de estagnação secular. Mas este não é um "jogo" que já terminou, nem é um jogo puramente econômico, envolvendo uma dimensão essencial de toda a história do desenvolvimento capitalista, que foi sempre "assimetria" de poder internacional. Em poucas palavras, o continente latino-americano ainda segue prisioneiro, e não conseguiu decifrar o enigma e o bloqueio impostos por sua localização geográfica e posição hierárquica no "hemisfério ocidental". Tampouco conseguiu assimilar até hoje, plenamente, a lição histórica de um sistema no qual o desenvolvimento da economia foi sempre inseparável da luta pelo poder nacional e internacional.

Por isso, do nosso ponto de vista, uma discussão estratégica do futuro do continente latino deve começar inevitavelmente pela releitura da história e da geopolítica do "modo de desenvolvimento" do sistema interestatal capitalista; sobre as forças e tendências materiais objetivas, que se impõem como "dados de realidade", a todos os estados do sistema e por cima de toda e qualquer opção ideológica.

É óbvio que esta investigação não cabe aqui[63], mas mesmo assim é possível antecipar algumas hipótese e premissas mais importantes para a retomada da discussão estratégica das forças progressistas que estão sendo chamadas a governar o continente latino:

i) *Sobre a origem do sistema de estados nacionais, que remonta às "guerras de conquista" e à "revolução" comercial e financeira europeia dos séculos XIII e XI*: trata-se de guerras e transformações econômicas que foram responsáveis por dois grandes processos históricos, intimamente relacionados entre si – o processo de centralização do poder, que levou ao nascimento dos estados territoriais; e o processo de monetização de tributos e trocas, que levou à formação das economias de mercado e à criação de um sistema de financiamento "bancário" dos estados e de suas guerras. Foi naquele período que se forjou, no continente europeu, um casamento inseparável entre a "necessidade permanente de conquista" dos estados e a "necessidade de acumulação contínua de excedentes" e de "dívidas públicas" em mãos privadas, mas a serviço dos reis e de suas guerras. Um casamento que se transformou na "marca batismal" de toda a história posterior da Europa, e de todo o sistema interestatal.

ii) *Sobre as guerras, os tributos, as moedas e o comércio, que sempre existiram*: a grande novidade desse novo sistema de poder territorial criado pelos europeus talvez tenha sido exatamente a forma em que os três elementos se combinaram em pequenos territórios altamente competitivos, e em permanente preparação para a guerra. As mesma guerras que obrigaram os soberanos a multiplicar seus tributos e dívidas, emitindo moedas e títulos, e que soldaram a aliança indissolúvel entre príncipes e banqueiros, com o aparecimento das primeiras formas de acumulação do "dinheiro pelo dinheiro", através da *senhoriagem* das moedas e da negociação das dívidas públicas, primeiro nas "feiras" e depois nas bolsas de valores. E foi exatamente essa sociedade e articulação de interesses que estiveram na origem dos primeiros estados e economias nacionais. Cada uma delas com seus próprios sistemas de bancos e de crédito, com seus exércitos e burocracias, e com seu sentimento coletivo de identidade e de "interesse nacional".

iii) *Sobre o fato de que esses estados e economias nacionais não nasceram isoladamente*: pelo contrário, já nasceram dentro de um sistema que aumentou sua riqueza e poder em conjunto, através da competição e da guerra permanente entre suas unidades constitutivas. E o fato mais importante ainda, de que foram essa competição e as guerras entre as novas unidades territoriais de poder que deram origem, de forma muito lenta, a um novo "regime de produção capitalista" indissociável dos

---

63. FIORI, J.L. "Formação, expansão e limites do poder global". In: FIORI, J.L. (org.). *O poder americano*. Petrópolis: Vozes, 2004. • FIORI, J.L. *O poder global e a nova geopolítica das nações*. São Paulo: Boitempo, 2008. • FIORI, J.L. *História, estratégia e desenvolvimento*. São Paulo: Boitempo, 2014.

estados e de sua competição. Na verdade, esse novo regime de produção e acumulação de riqueza se transformou numa arma fundamental na luta pelo poder entre os novos estados nacionais, dentro e fora do continente europeu.

Por isso, a luta interna desses estados europeus se deu ao mesmo tempo que estes se expandiam para fora da Europa e constituíam seus primeiros impérios coloniais globais. E nesse movimento expansivo do poder territorial, junto com seus mercados e capitais privados, foram sempre os estados mais poderosos e expansivos que lideraram a acumulação do capital e o "desenvolvimento" do capitalismo em escala global. Essa luta contínua promoveu uma rápida hierarquização do sistema, com a constituição de um pequeno "núcleo central" – de "grandes potências" – que se impôs aos demais estados nacionais, dentro e fora da Europa. A composição interna desse núcleo foi sempre muito estável devido ao próprio processo de concentração e monopolização do poder, e devido às "barreiras à entrada" de novos "sócios" que foram sendo criadas pelas potências ganhadoras ao longo dos séculos.

De qualquer forma, o ponto importante que se deve guardar é que o sistema mundial em que vivemos até hoje foi uma criação do poder expansivo de alguns estados e economias nacionais da Europa, que conquistaram e colonizaram o mundo a partir do século XVI. A expansão competitiva desses estados e economias nacionais capitalistas criou impérios coloniais e internacionalizou capitais, mas nem os impérios nem o capital internacional conseguiram jamais eliminar ou dissolver as fronteiras nacionais dos próprios estados, e tampouco de suas moedas e capitais nacionais – em última instância, porque os capitais nacionais só conseguem se internacionalizar e vencer sua competição global na medida em que sejam apoiados por seus estados nacionais. E só conseguem realizar o seu "valor" na medida em que sejam "designados" em sua própria moeda, ou na moeda ou títulos da dívida de uma potência superior à sua própria.

Nesse sentido, pode-se afirmar que as chamadas "moedas internacionais" sempre foram as "moedas nacionais" de algum Estado vitorioso que conseguiu projetar seu poder para fora de suas próprias fronteiras. Diga-se de passagem, desde o século XVI, só existiram duas moedas efetivamente internacionais: a libra e o dólar. Mas se pode falar de três sistemas monetários internacionais: o "padrão libra-ouro", que ruiu na década de 1930; o "padrão dólar-ouro", que terminou em 1971; e o "padrão dólar flexível", que nasceu na década de 1970 e segue vigente neste início de século XXI. Em todos esses casos, a moeda de referência só alcançou sua posição dominante depois de uma prolongada luta de poder com moedas de outros estados nacionais, e nunca foi, portanto, uma escolha apenas dos mercados e de seus "agentes privados", mantendo-se como um instrumento fundamental de poder nas mãos do seu Estado emissor. Por fim, a experiencia histórica ensina que é parte do poder do emissor da "moeda internacional" transferir os custos de seus ajustes internos para o resto da economia mundial, e em particular para sua periferia monetário-financeira.

Da mesma forma, os títulos da dívida pública das grandes potências sempre tiveram uma "credibilidade" muito maior do que a dos títulos dos estados situados nos degraus inferiores da hierarquia do poder e da riqueza internacional. Veja-se o exemplo da Inglaterra, que elevou sua "dívida pública" de 17 milhões de libras esterlinas, em 1690, para 700 milhões de libras, em 1800, com o objetivo de financiar suas guerras sem se preocupar com seu próprio "desequilíbrio fiscal" de curto prazo, que nunca afetou a "credibilidade" da moeda e dos títulos britânicos, enquanto expandia seu poder ao redor do mundo. E o mesmo também aconteceu com os Estados Unidos, cuja capacidade de tributação e endividamento também cresceu de mãos dadas com a expansão do poder americano, dentro e fora da América. Por isso mesmo, aliás, os títulos da dívida pública norte-americana seguiram sendo a âncora do sistema capitalista internacional, mesmo durante a crise de 2008, que teve seu epicentro no próprio sistema financeiro daquele país.

Em síntese, nos últimos cinco séculos de história do sistema interestatal capitalista, o "poder" e o "capital" andaram sempre juntos na "caça" de posições territoriais exclusivas, e de condições monopólicas de mercado. Foi por isso que Fernand Braudel afirmou, em algum momento, que "o capitalismo só triunfa quando se identifica com o Estado, quando é o Estado", porque o objetivo último do capitalismo é a obtenção de "lucros extraordinários" – ou seja, lucros que se alcançam através de monopólios que se conquistam, por sua vez, por meio do poder político dos estados. É por isso também que Braudel chega à ousada conclusão de que "o capitalismo é o antimercado"[64], exatamente porque – para ele – o mercado seria o lugar das trocas e dos "ganhos normais", enquanto o capitalismo seria o lugar dos "grandes predadores" e "grandes ganhos anormais".

A acumulação do poder cria situações monopólicas, e a acumulação do capital "financia" os estados na luta "econômica" pelo poder. Assim mesmo, com o passar dos séculos, o "mundo do capital" adquiriu crescente autonomia relativa com relação ao "mundo do poder", mas manteve sua relação de dependência essencial, que se manifesta nas grandes crises periódicas do "regime de acumulação capitalista". Deste ponto de vista, portanto, se pode afirmar que o desenvolvimento econômico dos estados e capitais "ganhadores" não passa necessariamente pelo respeito às regras e instituições do mercado, como pensam os instituciona-

---

64. BRAUDEL, F. *Os jogos das trocas*. São Paulo: Martins Fontes, 1996, p. 403. • BRAUDEL, F. *A dinâmica do capitalismo*. Rio de Janeiro: Rocco, 1987, cap. 2.

listas. Pelo contrário, passa pela violação sistemática das "leis do mercado" por parte dos próprios estados das grandes potências, e por seus capitais privados protegidos pelos estados nacionais de origem.

Por último, com base na experiência histórica comparada, pode-se afirmar também que existe um denominador comum na história de todos os países "ganhadores": todos enfrentaram grandes desafios ou tiveram grandes inimigos externos, que acabaram se transformando na bússola que orientou suas estratégias nacionais de defesa e desenvolvimento econômico. Estratégias que envolveram sempre uma dimensão político-militar e uma competição sem quartel pela conquista e pelo controle das "tecnologias sensíveis". Por isso, no caso de todos esses países, invariavelmente, a guerra e a preparação para a guerra sempre ocuparam papel central na trajetória de sucesso de seu desenvolvimento econômico. Apesar disso, o mais importante não está na guerra, que por definição é extremamente destrutiva. O mais importante está na capacidade de extrair as consequências e implicações estratégicas adequadas da tese formulada por Max Weber, de que, "em última instância, os processos de desenvolvimento econômico são lutas de dominação".

Como forma de concluir, pode-se afirmar, com toda certeza, que não há nenhum caso de desenvolvimento nacional bem-sucedido que não tenha tido, como dimensão central de seu próprio sucesso, uma luta permanente de poder, e pelo poder internacional. Goste-se ou não, este parece ser o segredo mais importante e mais encoberto do sucesso capitalista.

Março de 2020.

**LEIA TAMBÉM:**

# Os cristãos leigos no mundo da política
## À luz do Concílio Vaticano II

*José Ernanne Pinheiro e Antonio Aparecido Alves (orgs.)*

O compromisso cidadão para a consolidação da democracia se torna cada vez mais urgente diante da desafiante realidade do mundo em transformação acelerada. Os cristãos bem-formados, à luz de sólidos critérios éticos, iluminados pela mensagem das bem-aventuranças, não podem se furtar de oferecer uma contribuição especial nesse período de transição civilizacional.

Formar cristãos leigos para agir na política é exatamente a missão que a CNBB entregou ao Centro Nacional de Fé e Política "Dom Helder Camara", favorecendo-lhes a aquisição de competência e habilitação para atuar nesse complexo campo da sociedade. Para isso, esta publicação traz referenciais para a *relação Igreja e política* nas pegadas do Concílio Vaticano II, e também pressupostos sólidos para o agir do cristão leigo/a na política como membro do povo de Deus; retoma a recepção do evento conciliar que ofereceu ocasião propícia para a dinâmica da evangelização num clima de nova primavera da Igreja, numa mística evangélica no contexto da América Latina e Caribe em ebulição; e, finalmente, traz *depoimentos de cristãos leigos*, mostrando ser possível a vivência eficaz da fé em relação com a política no Legislativo, no Executivo e nos movimentos sociais, mesmo em meio a dificuldades.

"O testemunho cristão *'vai aos ossos, ao coração, dentro de nós e nos transforma'*, lembra o Papa Francisco em suas homilias, e acrescenta: *"Quando um cristão não encontra dificuldades na vida – achando que tudo está indo bem, que tudo é lindo – significa que alguma coisa está errada"*.

Para ele, conformar-se, acomodar-se não condiz com o batismo cristão. Ao contrário, a Igreja propõe que seus filhos cresçam na fé e se insiram no mundo, transformando-o corajosamente. Diz o Papa: *"Quando fizermos isto, a Igreja se transforma em uma mãe que cria filhos, filhos que levam a mensagem. Mas, quando não fazemos, a Igreja não se transforma em uma mãe, mas em uma babá [...]. Temos que pensar no batismo e em nossa responsabilidade de batizados"*.

LEIA TAMBÉM:

# Sentido da dialética
## Max: lógica e política – Tomo I

### Ruy Fausto

A dialética é a teoria e a prática da negação interna dos conceitos. Mesmo se ela não "vale" em todas as situações, ela tem uma legitimidade, lógica e política, que é mais ou menos universal. Esse livro tenta mostrar em que ela consiste, ou antes, como ela "funciona".

"A dialética – entendamos por isso a ideia da dialética enquanto discurso rigoroso – caiu sob os golpes do que paralelamente ao 'marxismo vulgar' deveríamos chamar de 'dialética vulgar' ou de 'dialéticas vulgares'. Pensamos em todos aqueles discursos que empregam o termo 'dialética' sem fazê-lo corresponder a um objeto constituído de uma maneira rigorosa. O presente livro é um esforço de reconstituição *em ato* do que, em termos rigorosos, representaria o verdadeiro sentido da dialética. Nesse volume, esse trabalho se faz principalmente por meio da crítica de diferentes leituras da grande obra clássica da dialética dita materialista, propostas por alguns filósofos e economistas (entre os quais Castoriadis e os althusserianos).

**Ruy Fausto**, *licenciado em Filosofia e Direito pela USP, doutor em Filosofia pela Universidade de Paris I, professor emérito da USP, ensinou na Universidade de Paris VIII, e na Universidade Católica do Chile. Além de alguns textos literários, publicou vários livros de filosofia e de política, entre os quais,* Marx: lógica e política – Investigações para uma reconstituição do sentido da dialética *(Brasiliense, três volumes, agora,* Sentido da dialética*),* Le Capital et la Logique de Hegel *(Harmattan);* Circulação simples e produção capitalista *(Brasiliense e Paz e Terra):* A esquerda difícil *(Perspectiva).*